L'ETHNICISATION DE LA FRANCE

Du même auteur

Logiques métisses. Anthropologie de l'identité en Afrique et ailleurs, Paris, Payot, 1990

Vers un multiculturalisme français. L'empire de la coutume, Paris, Aubier, 1996

Branchements. Anthropologie de l'universalité des cultures, Paris, Flammarion, 2001

L'Art de la friche. Essai sur l'art africain contemporain, Paris, Flammarion, 2005

L'Occident décroché. Enquête sur les postcolonialismes, Paris, Stock, 2008

Rétrovolutions. Essais sur les primitivismes contemporains, Paris, Stock, 2010

Jean-Loup Amselle

L'ETHNICISATION DE LA FRANCE

lignes

« Qu'est-ce qu'il y a actuellement comme grands, costauds, puissants ? Les blacks [...]. *Je crois qu'il faut recentrer, surtout pour des garçons de 13-14 ans, 12-13 ans, avoir d'autres critères, modifiés avec notre propre culture. »*

Laurent Blanc, sélectionneur de l'équipe française de football, *Mediapart*, 30 avril 2011

Introduction

Une époque anthropologique ?

La hantise de l'islam, la polygamie, l'excision, les Roms, les minorités visibles, la diversité, l'identité nationale, tous ces thèmes, toutes ces « séquences » ont mis sur le devant de la scène politique et médiatique française une problématique éminemment anthropologique au point qu'on pourrait croire que l'heure de cette discipline est enfin arrivée et qu'elle est prête à remplacer d'autres spécialités comme l'histoire ou l'économie qui auparavant donnaient un sens à notre vie en commun. « Pourrons-nous vivre ensemble ? » telle était la question posée, il y a quelques années, par Alain Touraine dans un livre dont le titre résume bien les angoisses auxquelles sont confrontés les membres des sociétés modernes[1]. Alors qu'il y a seulement quelques décennies, la vie en société paraissait aller de soi, celle des pays développés n'étant traversée que par des conflits horizontaux de classe, désormais se pose la question, dans des sociétés dont le jeu

1. A. Touraine, *Pourrons-nous vivre ensemble ? Égaux et différents*, Paris, Fayard, 1997.

est à somme nulle, de l'établissement d'un lien social minimal entre des groupes, des collectifs ou des communautés dont les cultures sont censées être radicalement différentes les unes des autres. Doit-on en conclure que l'élucidation des maux qui affectent nos sociétés relève exclusivement d'une approche anthropologique et que les membres de cette corporation sont appelés à devenir des ingénieurs du corps social ou bien faut-il en déduire que, après être parvenu difficilement à imposer la reconnaissance de ces dites cultures, il conviendrait de faire marche arrière pour déconstruire ces dernières ?

L'obligation de reconnaître l'existence de cultures différentes dans l'ensemble des pays de la planète, tous soumis à la globalisation, telle qu'elle est proclamée par Charles Taylor ou le refus du « *déni des cultures* » tel qu'il s'exprime sous la plume d'Hugues Lagrange, renvoie inévitablement, de fait, à la question de l'origine [1]. Postuler que le comportement de tel ou tel individu est lié à son origine géographique, ethnique ou culturelle a pour effet de le nier en tant qu'individu et d'assimiler son identité au lieu d'où lui (ou ses ascendants) provien(nen)t. Or l'identité d'un individu ne saurait être

1. C. Taylor, *Multiculturalisme. Différence et démocratie*, Paris, Flammarion, 1997 (1992) ; H. Lagrange, *Le Déni des cultures*, Paris, Le Seuil, 2010.

réduite à son passé, elle se construit aux différents stades de son existence, et elle change au gré des situations d'interlocution auxquelles il ou elle est confronté(e). Bref l'identité d'un individu, que l'on ne saurait cantonner à un quelconque groupe d'appartenance, précisément parce qu'il ou elle s'identifie successivement ou simultanément à plusieurs de ces groupes, est dynamique. Autrement dit, l'identité d'un individu ne se déduit pas, elle se compile puisqu'elle est la somme des actes d'identification « performés » au cours de son existence, somme dont il n'est possible de rendre compte qu'après sa mort (Sartre). Autrement dit encore, on ne devient pas ce qu'on est mais on est ce qu'on devient.

L'explication de tel ou tel comportement de tel ou tel individu par *sa* culture est donc tautologique, elle prend l'effet pour la cause. Comment en est-on arrivé à penser en termes culturels, comment en est-on venu à estimer que les grands débats qui agitent nos sociétés étaient essentiellement d'ordre culturel ou ethnique, c'est ce que l'on entend maintenant élucider. Dans cette généalogie, on voudrait tout d'abord évoquer le continent d'origine de la culture, celui qui a privilégié par excellence l'appréhension des phénomènes sociaux en termes culturels : les États-Unis.

L'essor de la notion de culture aux États-Unis

L'opposition entre la *Kultur* allemande et la « Civilisation » française relève sans doute largement du stéréotype tant il est vrai qu'on peut déceler des accents universalistes chez des penseurs allemands comme Herder tandis que les fondements de la République française sont pour leur part largement informés par la théorie des races[1]. Pourtant, c'est la pensée allemande du « préjugé » qui, transplantée par Franz Boas aux États-Unis, a fourni les bases de l'anthropologie culturelle américaine, peut-être parce que cette nation d'immigrants pouvait trouver une légitimation de son autonomie par la mise en valeur des composantes multiples de sa population. Quoi qu'il en soit, ce n'est plus tellement entre la France et l'Allemagne que se joue désormais cette opposition entre la *Kultur* et la « Civilisation » mais entre les États-Unis et la France. Même si l'Allemagne a longtemps revendiqué le *multikulti*, ce sont les États-Unis qui apparaissent désormais comme l'étendard à l'échelle mondiale du multiculturalisme au point de rejeter dans l'archaïsme et dans l'isolement le modèle républicain français.

1. J.-L. Amselle, *Vers un multiculturalisme français. L'empire de la coutume*, Paris, Flammarion (coll. « Champs »), 4e édition, 2010 (1996).

Comment en est-on arrivé là ? Comment les valeurs universalistes et républicaines françaises, qui ont pu apparaître, au début du XIXe siècle, comme le ferment de la libération des peuples européens, en sont-elles venues à représenter à la fin du XXe et au début du XXIe siècles le symbole de l'oppression exercée naguère par l'impérialisme français dans ses ex-colonies ? Telle est la question qui doit être posée, tout comme doit l'être celle des aspects soi-disant positifs représentés par la mise en avant des singularités culturelles.

De ce point de vue, le long parcours de la notion de culture aux États-Unis depuis son introduction par Franz Boas, sa reprise par ses disciples (Benedict, Mead, Kroeber, Linton, Herskovits etc.) jusqu'à sa traduction en termes scientifiques et politiques à travers la notion d'« *aire culturelle* » mériterait certainement une investigation approfondie, tout comme son prolongement dans les « *cultural studies* », le postmodernisme et le postcolonialisme [1]. Telle n'est pas notre ambition ici et nous nous contenterons donc simplement d'en esquisser à grands traits la trajectoire.

1. Sur toutes ces questions, voir J.-L. Amselle, *Logiques métisses. Anthropologie de l'identité en Afrique et ailleurs*, Paris, Petite Bibliothèque Payot, 2010 (1990) et *L'Occident décroché. Enquête sur les postcolonialismes*, Arthème Fayard/Pluriel, 2010 (2008).

C'est au sortir de la Seconde Guerre mondiale, qui voit chanceler les vieux empires coloniaux européens, que la notion d'« *aire culturelle* » prend son essor. Énoncée sur la base du refus de l'opposition Sauvage/Civilisé, qui fondait la domination de l'Europe sur ses colonies, la notion d'« *aire culturelle* » permettait aux États-Unis de rejeter dans l'altérité tous les Autres (Africain, Asiatique, Océanien, Amérindien, etc.) et donc de conserver le monopole de l'universel. En postulant que l'« aire culturelle, c'est l'autre », les chercheurs en sciences sociales américains ont pu diviser l'humanité en deux groupes et conforter ainsi la domination de leur pays sur le reste du monde[1]. Telle est bien la racine de l'hégémonisme américain sur la totalité de la planète et c'est d'ailleurs cette philosophie que l'on retrouve à l'œuvre dans l'idée du « *choc des civilisations* » dont la paternité revient à Bernard Lewis, avant d'avoir été popularisée par Samuel Huntington[2]. Si, en effet, Huntington utilise la notion de civilisation et non celle de culture et si, de surcroît, il est un adversaire résolu du multiculturalisme, lequel est vu par lui comme un adversaire de la culture nord-américaine, il n'en reste pas moins que, dans la filiation de

1. J.-L. Amselle, *L'Occident décroché op. cit.*, p. 179.
2. S. P. Huntington, *The Clash of Civilizations and the Remaking of World Order*, New York, Simon and Schuster, 1996.

Braudel, il établit une équivalence entre civilisation et culture[1]. Pour Huntington, on le sait, la fin de la guerre froide met un terme aux affrontements entre blocs, de sorte que, dans le cadre de la nouvelle tectonique qui se met en place, c'est le choc entre l'Ouest et le Reste, c'est-à-dire essentiellement entre l'Occident d'une part et l'Islam et la culture sino-confucéenne d'autre part, qui devient prédominant.

Il n'est pas exagéré de soutenir que Huntington a véritablement anticipé la deuxième guerre du Golfe, l'intervention occidentale en Afghanistan ainsi que la rivalité de puissance entre les États-Unis et la Chine, même si cette dernière est d'un autre ordre. En effet, les États-Unis, sous George W. Bush, ont mené en Irak et en Afghanistan une véritable croisade contre l'islam au nom de la lutte contre les armes de destruction massive et contre le terrorisme et, de ce point de vue, l'arrivée au pouvoir de Barack Obama n'a pas représenté une véritable rupture. Même si, aux États-Unis, l'islam est respecté en tant que religion, l'intervention américaine en Afghanistan ne peut pas ne pas apparaître aux yeux d'une majorité de musulmans de par le monde comme une guerre contre l'islam à l'instar de l'appui constant que l'administration démocrate apporte à Israël. Prisonnier

1. *Ibid.* p. 41.

du lobby juif et sioniste auquel il doit en partie son élection, Barack Obama a échoué de fait à accorder une égalité de traitement à toutes les religions, identités et cultures.

Le multiculturalisme américain est donc un principe à géométrie variable, qui demeure majeur tant qu'il ne contrarie pas les ambitions hégémoniques de ce pays, mais qui est passible de tous les accommodements dès lors qu'il entre en conflit avec ses impératifs stratégiques. Le (multi) culturalisme peut donc être affirmé dans un but de reconnaissance et de respect de la différence culturelle chez soi ou chez les autres, comme dans le cas du soutien apporté aux « peuples autochtones [1] », mais il peut également être utilisé pour combattre une culture spécifique dès lors qu'elle menace les intérêts de la puissance américaine. C'est notamment le cas en Afghanistan où, jusqu'en 2010, des anthropologues embarqués (*embedded*) ont été utilisés par l'armée américaine à des fins de contre-insurrection. Dans ce cas de « conflit asymétrique », il s'agissait, aux dires de son promoteur, l'anthropologue de Yale, Montgomery MacFate, d'« *anthropologiser les militaires* » afin de cibler la psychologie de l'adversaire et de ses alliés, de comprendre le contexte, cerner les

1. http://www.whitehouse.gov/the-press-office/2010/12/16/remarks-president-white-house-tribal-nations-conference.

mentalités, en un mot de « culturaliser » les cibles. Les guerres d'Irak et d'Afghanistan, qui ont pris la suite des guerres d'Algérie, d'Indochine au cours desquelles ont été mises en œuvre par l'armée française des méthodes reprises ensuite par les Américains, font donc l'objet d'un traitement culturel[1].

Du côté français : l'ethnologie coloniale et l'Unesco des peuples autochtones

En bonne logique républicaine, la France n'aurait jamais dû avoir d'anthropologie ni accorder une place quelconque à la notion de culture. Cependant deux phénomènes sont venus contrarier cet atomisme républicain : la logique colonisatrice postérieure à la Révolution, qui a repris de fait des principes de gestion remontant à l'Ancien Régime et d'autre part la politique de l'Unesco qui, depuis la Seconde Guerre mondiale, et sous l'égide d'anthropologues français, a conduit à la reconnaissance des droits des « peuples autochtones ».

Comme on le sait, dans le cadre de la colonisation de l'Égypte, de l'Algérie et de l'Afrique « noire », a été mise en œuvre une « politique de races » permettant, à l'encontre du droit naturel, de gérer les « populations » sur

1. http://www.lesinfluences.fr/La-fin-des-anthropologues-en-kaki.html.

une base « culturelle ». De ce point de vue, la « *guerre des deux races* », telle que l'a exhumée Michel Foucault, s'est merveilleusement coulée dans ce cadre colonial, en particulier lorsque, comme ce fut le cas en Afrique subsaharienne, elle cadrait parfaitement avec les théories locales du pouvoir[1]. C'est à travers cette « politique de races » que les différentes « ethnies », et donc les différentes « cultures » d'Afrique noire, ont pu être répertoriées et servir d'instrument à l'administration indirecte mise en œuvre par la France dans ses colonies. Cette politique d'administration indirecte, comme je l'ai montré, a elle-même fait retour vers l'ancienne métropole lorsque, dans le cadre de la cessation de l'immigration légale et du désengagement de l'État des banlieues, il s'est agi de faire en sorte que les populations des « quartiers » prennent elles-mêmes leur destin en main[2]. C'est en cela que le multiculturalisme à la française est en partie le fils de la colonisation, parce que c'est dans le sillage du vieux cadre colonial que s'est effectuée, sous la forme du retournement du stigmate, l'énonciation des identités singulières postcoloniales black et beur.

---

1. M. Foucault, *Il faut défendre la société*, Paris, Gallimard-Le Seuil, 1997.
2. J.-L. Amselle, *Vers un multiculturalisme français, op. cit.*

L'Unesco

Ce sont l'héritage des Lumières et la conception française de « coopération intellectuelle » héritée de la Société des Nations qui ont inspiré l'Acte constitutif de l'Unesco en 1945. Lors de la conférence inaugurale de cet organisme, Léon Blum a ainsi revendiqué l'établissement de son siège à Paris au nom de l'« *universalité de la culture française*[1] ». Cependant cet humanisme ancien, reposant sur la culture gréco-latine, en est venu rapidement à servir de repoussoir à une autre tendance qui a insisté sur la nécessité de mettre en œuvre une philosophie et surtout une histoire inspirée par le relativisme culturel. À cette tendance sont principalement attachés les noms de Julian Huxley, et surtout de Joseph Needham et de Lucien Febvre qui, dans le cadre du projet d'édition d'une « Histoire scientifique et culturelle de l'humanité » (1947), se sont inspirés d'une conception pluraliste mais néanmoins ambiguë de la « civilisation ». Pour Febvre, la notion de « civilisation » au sens de « culture » se définit par rapport à une hégémonie étrangère chez les Allemands et par rapport à une domination sociale chez les Français[2].

1. C. Maurel, *L'Unesco de 1945 à 1974*, thèse de doctorat, Paris I, 2006, http://www.these-de-doctorat-chloemaurel.blogspot.com, p. 37-38.
2. L. Febvre, *Civilisation, le mot et l'idée*, 1929, http://www.

Il postule, en cela opposé aux vues des historiens classiques, qu'il existe une égalité foncière entre les différentes « civilisations », cette notion s'appliquant aussi bien à celles de l'Occident, de l'islam, de l'Inde ou de l'Extrême-Orient, qu'à celles des Incas du Pérou ou des Mayas du Mexique. Cependant, il subsiste une hésitation chez lui quant à la pertinence de cette notion pour les plus « primitives » d'entre elles. Certes sa générosité humaniste lui fait concevoir que les plus petits peuples ont leur pierre à apporter à l'édifice mais c'est surtout en tant que contributions aux « *grandes civilisations orgueilleuses* » qu'ils participent à l'édification d'une civilisation mondiale faite d'échanges pacifiques [1].

Avec Alfred Métraux et Claude Lévi-Strauss, recrutés par l'Unesco en tant qu'anthropologues, le tableau change radicalement de physionomie. Dans *Race et histoire* et surtout *Race et culture*, Lévi-Strauss élabore une anthropologie, qui est en même temps une « entropologie », très différente de celle de Lucien Febvre. Alors que ce dernier faisait une apologie avant la lettre du métissage

---

scribd.com/doc/8362207/Lucien-Febvre-Civilisation-Le-mot-et-lidee-1929.

1. P. Petitjean et H. M. Bertal Domingues, « Le projet d'une histoire scientifique et culturelle de l'humanité 1947-1950 : quand l'Unesco a cherché à se démarquer des histoires européocentristes », HAL, Sciences de l'Homme et de la Société, 7, http://halshs.archives-ouvertes.fr/docs/00/16/63/55/PDF/Unesco_et_histoire_de_l_humanite_juillet07.pdf.

– toutes les « civilisations » y compris les plus petites se fécondant les unes les autres –, Lévi-Strauss promeut au contraire une conception des relations ou plutôt de l'évitement entre cultures qui doit beaucoup à Malthus et à Gobineau.

C'est cette conception étriquée des cultures, de *la* culture qui prévaut désormais en France où elle entre en résonance à la fois avec le multiculturalisme de gauche qui se développe à partir des années 1980 à la suite de la traduction du livre de Charles Taylor et avec les idées de l'extrême droite, notamment celles d'Alain de Benoist qui substitue un racisme culturel au vieux racisme biologique défendu jusqu'alors par le Front national.

Le culturalisme politique

Amorcée sous Pompidou, mais pleinement développée sous Giscard avec la fin de l'immigration légale, la politique culturelle en direction des immigrés s'inscrit à la fois dans une optique libérale et multiculturelle de reconnaissance des identités singulières et entre donc en contradiction avec le modèle républicain. Poursuivi sous les deux septennats de Mitterrand, ce multiculturalisme a cet avantage de convenir tant à une partie de la droite que de la gauche, et peut donc pénétrer au sein de l'espace public en compagnie de la lutte de libération des femmes (parité), ainsi que de celle des homosexuels.

Dans les années 1980-1990, le multiculturalisme se développe au sein d'une nébuleuse qui englobe une partie du PS, en particulier la deuxième gauche, ainsi qu'une partie de la droite sur la base de l'opposition entre équité et égalité[1]. Face au mythe républicain de l'égalité des individus, les tenants du multiculturalisme entendent favoriser l'équité, c'est-à-dire pratiquer une politique de reconnaissance et de renforcement des minorités axée sur la culture et la race. Ce faisant, ce courant joue sur la confusion entre le principe universaliste républicain et le principe national français : il oublie que la Révolution française incluait les étrangers parmi les citoyens. Il intente ainsi un mauvais procès à la République en général, tout en pointant avec justesse les insuffisances de la République française. La domination du multiculturalisme, dans l'espace public français, a en effet pour conséquence de rejeter à droite l'ensemble des défenseurs du principe républicain. Certains de ces derniers, en fustigeant l'islam, et notamment le voile, la burqa, la polygamie, le statut de la femme, les repas hallal, etc., en sont venus à culturaliser leur

1. Pour une analyse de la façon dont la deuxième gauche s'est fourvoyée dans le libéralisme et la thématique de la « société civile », voir Michel Foëssel, « De Rocard à Julliard, vie et mort de la deuxième gauche », *Libération.fr*, 25 janvier 2011.

appartenance républicaine, faisant de l'opposition entre principe républicain et principe multiculturaliste, un affrontement entre cultures, et rejoignant ainsi paradoxalement la position des multiculturalistes qui font de la défense du républicanisme, une spécificité culturelle typiquement française. En définitive, l'affrontement entre l'universalisme républicain et le multiculturalisme particulariste, au sein de l'espace public français, apparaît comme largement fictif puisqu'il recouvre en fait un conflit beaucoup plus intense entre une identité française martelée par la droite et l'extrême droite d'une part et des identités minoritaires qui sont stigmatisées par les premières tout en étant réappropriées et promues par les membres de ces groupes d'autre part.

Le déclin du social

L'essor du multiculturalisme, en France et plus largement en Europe, a pour corrélat le déclin du social et l'abandon de l'universalisme[1]. Alors que, jusque dans les années 1970, le logiciel de la gauche et de l'extrême gauche tournait essentiellement autour du marxisme et de la lutte des classes, le postmodernisme, la

1. B. Rothstein, « L'abandon de la lutte contre les inégalités explique l'échec des socialistes européens », *Le Monde*, 27 juin 2009.

nouvelle philosophie et l'antitotalitarisme ont lentement mais sûrement sapé les fondements de cette doctrine[1]. On ne mesurera jamais assez les conséquences de ce que représente l'abandon du marxisme par la gauche et l'extrême gauche, abandon, il est vrai, facilité par la version structuraliste de cette doctrine proposée par Althusser et ses disciples[2]. En enfermant le marxisme dans un corset issu des pensées de Lévi-Strauss et de Lacan, Althusser et ses élèves ont produit une combinatoire de modes de production incapable de rendre compte de l'évolution réelle des sociétés. De même, la pensée de Bourdieu, tributaire d'une conception figée de la « *reproduction* », elle-même inspirée de sa vision passéiste de la société kabyle, a fait des acteurs sociaux les jouets des structures et a donc été inapte à offrir une vision dynamique du social[3]. Dès lors, sur les décombres de ce marxisme structuralisé, pouvait s'élaborer une pensée du fragment empruntant à la fois aux études culturelles, de genre et postcoloniales.

---

1. Cf. M. Christofferson, *Les Intellectuels contre la gauche. L'idéologie antitotalitaire en France (1968-1981)*, Marseille, Agone, 2009.
2. J'ai moi-même déserté le marxisme à l'époque de l'« *articulation des modes de production* » avant d'y revenir récemment.
3. E. Martin Criado, *Les deux Algéries de Pierre Bourdieu*, Bellecombe en Bauges, Éd. du Croquant, 2008.

La découpe d'entailles verticales au sein du corps social a eu pour effet de mettre au rancart et de ringardiser la lutte de classes et les combats syndicaux. Il est devenu beaucoup plus chic pour les couches ethno-éco-bobo, ainsi que pour leurs représentants médiatiques, de promouvoir les identités culturelles et de genre (gay, lesbien, queer) que de continuer à accorder une quelconque attention à la « matérielle » comme l'on disait autrefois. C'est ainsi que toute une logique libérale-libertaire est venue harmonieusement se couler dans le cadre de la segmentation du marché promue par le capitalisme tardif. Les identités fragmentaires ainsi dégagées ont constitué autant de niches de consommateurs traquées par les agences de publicité et de marketing. L'identité individuelle, devenue l'icône de notre postmodernité, a nécessité à son tour l'installation de toute une logistique d'accompagnement. Et c'est ainsi que l'émiettement religieux ou les « *nouvelles formes du croire* » se sont accompagnées de l'apparition de nouveaux acteurs, tels ces coach-chamanes chargés de soutenir les individus fragilisés par la disparition des structures collectives d'encadrement.

L'individu, la culture et le retour à l'origine sont alors devenus les mots d'ordre de notre postmodernité globalisée. Puisque le sort des habitants ne pouvait plus être amélioré par la redistribution des fruits de la croissance, il fallait trouver une idéologie de la « décroissance », du sevrage économique voire écologique, et donc chercher dans les ressources de l'individu, dans ses ressources identitaires, culturelles, psychiques des modes de substitution au défunt récit de la société d'abondance[1]. Telles sont les caractéristiques du « *new age* » zen, tribalisé, primitivisé qui est offert à notre libre appréciation. Mais les tribus dont il s'agit sont des collections d'individus qui n'ont que très peu de rapport avec celles décrites par l'anthropologie traditionnelle. La culture de ces groupes ne résulte pas en effet du poids et de la permanence de la tradition, elle est le produit de choix d'identification individuels agrégés au sein de collectifs *ad hoc* et temporaires. C'est pourquoi, il est d'autant plus curieux de voir des sociologues comme Hugues Lagrange corréler des taux d'échec scolaire ou de délinquance avec des soi-disant appartenances culturelles, lesquelles sont en fait des assignations à des origines imputées, que les identités contemporaines résultent de choix d'identification contextualisés, liés eux-mêmes à des situations d'interlocution précises. Un jeune en échec scolaire ou un délinquant peut simultanément ou successivement s'identifier, par

1. Cf. J.-L. Amselle, *Rétrovolutions. Essais sur les primitivismes contemporains*, Paris, Stock, 2010.

exemple, comme Sénégalais, Soninké, Français, habitant du Val-Fourré à Mantes, etc. L'assigner à un groupe ethno-culturel d'appartenance, c'est en fait le renvoyer à une origine (sénégalaise, soninké) en laquelle il ne se reconnaît pas forcément. On ne peut pas décider, à la place du sujet, de son origine puisque chacun se crée sa propre origine, son propre passé (Sartre encore). La culture, ce n'est pas ce qui vient du passé, mais c'est au contraire le passé que l'on se constitue. Le passé est donc un devenir ou plutôt un *à-venir* ouvert à toutes les possibilités, à toutes les éventualités offertes à l'individu. Enfermer l'individu dans des niches ethno-culturelles, c'est donc le priver de sa liberté ; c'est aussi fournir à nos politiques de droite comme de gauche un moyen très économe, sinon de résoudre la crise des banlieues, tout du moins de proclamer qu'il est impossible de la résoudre puisque, précisément, elle ne résulte pas de causes économiques et sociales (chômage) mais de causes culturelles. Si les émeutes de novembre 2005 ont bel et bien des racines culturelles, comme on nous le serine de droite à gauche, il est inutile de pratiquer des politiques de discrimination positive visant à favoriser les quartiers difficiles, les zones sensibles, d'éducation prioritaire, qui sont extrêmement coûteuses. L'affirmation du déterminisme culturel permet à la droite de récuser l'angélisme d'une certaine gauche qui ne voit dans ces mouvements sociaux que la conséquence d'une déshérence économique et qui a donc tendance à « excuser » ces débordements au nom de la pesanteur des déterminations sociales qui pèsent sur ces jeunes des banlieues. Pour la gauche multiculturelle et postcoloniale, la revendication du primat de la culture entre en phase avec le discours postcolonial de plus en plus présent au sein des « issus de la diversité », c'est-à-dire des groupes auxquels on impose de se ranger derrière le label de la diversité. Il fournit donc à cette gauche, et en particulier, à certains secteurs du PS, le moyen de coller à une clientèle électorale travaillée par des « opérateurs d'ethnicité » dont le plus emblématique est certainement le Conseil représentatif des associations noires (CRAN).

La France : une société ethnicisée

Le multiculturalisme a échoué en France, et plus largement en Europe, parce que, en fragmentant le corps social de chacun des pays où ce principe est, soit officiellement mis en œuvre, soit revendiqué par une fraction de l'éventail politique, il a abouti à dresser l'un contre l'autre deux segments de la population : l'identité majoritaire et les identités minoritaires. Par une sorte d'effet boomerang, l'apparition au sein de l'espace public de minorités ethno-culturelles et raciales a provoqué, dans chaque cas, le renforcement de l'identité « blanche ». Il est d'ailleurs symptomatique que le Front national et les Indigènes de la République se soient référés tous deux à des expressions proches pour désigner l'identité majoritaire : les « *Français de souche* » dans un cas, les « *souchiens* » dans l'autre.

À la différence d'autres pays comme les États-Unis, l'essor du multiculturalisme en France se traduit donc par une montée du racisme. Ce racisme revêt lui-même deux formes : l'affirmation forcenée d'une identité majoritaire « blanche » et catholique par la droite et l'extrême droite et l'affirmation par la gauche multiculturelle et postcoloniale d'identités minoritaires ethno-culturelles qui constituent autant de « *communautés de souffrance* ». Mais qu'en est-il de ces « communautés » elles-mêmes : l'énonciation de leur identité procède-t-elle des acteurs de base ou des porte-parole qui s'expriment en leur nom ? Autrement dit, l'expression racisée des identités postcoloniales est-elle le produit d'un contre-racisme « d'en bas » ou l'œuvre d'entrepreneurs d'ethnicité et de mémoire prompts à accoler des spécificités raciales et culturelles sur des groupes sérialisés d'individus. On a déjà évoqué à ce sujet le rôle du CRAN dont le modèle s'inspire du Conseil représentatif des institutions juives de France (CRIF) ; mais il faudrait également mentionner l'action de tous ceux qui s'emploient à donner un supplément d'âme « culturel » à des mouvements – comme celui de la *pwofitasyon* en Guadeloupe – dont les motivations sont essentiellement d'ordre économique et social. Transmuter le social en culturel semble donc être la caractéristique majeure de cette gauche multiculturelle et postcoloniale qui occupe une position symétrique et inverse de la droite et de l'extrême droite « républicaine ». Par une sorte de paradoxe déjà relevé, cette droite et cette extrême droite, en défendant la République et la laïcité sur des bases islamophobes (refus des prières musulmanes dans les rues, des repas hallal, etc.) défend par contrecoup des valeurs culturelles ethnicisées « bien de chez nous » (soupe au lard).

Mais d'un autre côté la gauche et l'extrême gauche multiculturelle et postcoloniale, en abandonnant la défense de l'universalisme républicain à la droite et à l'extrême droite, se sont engagées dans la voie d'un affrontement civilisationnel qui fait parfaitement les affaires de la première. L'universalisme, contrairement à ce que soutiennent les postcoloniaux, ne se réduit en effet en aucun cas à la défense de la suprématie blanche sur le reste du monde. En ce sens, il ne s'agit pas, en reprenant l'expression de Chakrabarty de « *provincialiser l'Europe* », d'affirmer sa spécificité culturelle afin de continentaliser sa pensée. Car provincialiser l'Europe revient à diviser l'ensemble du monde en autant d'« aires culturelles » étanches, à enfermer les continents géographiques et intellectuels dans des spécificités irréductibles. Pas plus que l'Europe des Lumières ne saurait être caractérisée par la « raison » (c'est aussi le siècle des « passions »), les autres continents ne sauraient être réduits à des caractéristiques culturelles intangibles (l'Afrique des ethnies, l'Inde des castes, l'islam fondamentaliste etc.) et voir ainsi déniée leur historicité propre. Construire du lien social, c'est précisément passer à travers les continents géographiques et culturels, c'est postuler une universalité première et principielle entre tous les hommes pour réserver aux spécificités culturelles le statut d'un « reste ». Postuler l'humanité de l'homme, des hommes, ce n'est pas vouloir assurer la domination de l'Occident sur le reste du monde, c'est affirmer la possibilité de communiquer avec les autres. La révolution démocratique actuellement en cours dans le monde arabe montre que les droits de l'homme, loin d'être un carcan imposé par l'Occident au reste du monde, peuvent aussi être réappropriés par un peuple arabo-musulman, en dépit de – ou grâce à – « sa » culture.

En définissant *a priori* la culture d'un peuple, on prend le risque d'être démenti par l'historicité de cette culture, c'est-à-dire de sa capacité à intégrer une multitude d'éléments dont on postule, par principe, qu'ils ne lui appartiennent pas. On ne rend pas un grand service aux « issus de la diversité » en les enfermant dans leur « négritude » ou leur « arabo-islamité ». Culturaliser et ethniciser le social est le meilleur moyen de maintenir les jeunes des banlieues sous la chape du pouvoir, la meilleure méthode pour les enfermer dans des ghettos géographiques et identitaires.

I

Vers un multiculturalisme à la française

L'idée selon laquelle les phénomènes ethniques seraient une caractéristique des sociétés primitives ou exotiques fait bon marché de la nature profondément ethnique des États européens et, en particulier, de l'État français. Sans parler des guerres de religion entre catholiques et protestants et de l'expulsion des Juifs du Royaume de France sous Philippe le Bel, événements qui constituent le signe de l'existence de véritables politiques de purification ethnique avant la lettre dans notre pays, les différentes modalités de représentation du corps national telles qu'elles ont été façonnées et telles qu'elles ont prévalu à travers les siècles, révèlent la prégnance de schèmes de division qui mettent à mal l'idée même d'une conception unifiée de la nation française.

« La guerre des deux races »

C'est en particulier au XVIIe siècle avec Boulainvilliers que se met en place un schème de pensée qui oppose au sein de la population française deux races fondamentalement différentes :

les Francs, envahisseurs venus de Germanie et ancêtres de la noblesse d'une part, et les Gaulois, autochtones et ancêtres du Tiers État d'autre part. Véritable structure de l'esprit humain, cette matrice servira à alimenter pendant des siècles les positions respectives des différentes parties prenantes au débat politique français : les défenseurs de l'aristocratie et de la monarchie d'un côté, ceux de la République de l'autre.

Réactivée au XIXe siècle par les historiens libéraux, Augustin Thierry et Guizot notamment, ce schème de pensée sera même la source d'inspiration du principe de la lutte des classes dégagé par Marx, lequel reconnaîtra tout ce que son analyse du moteur de l'histoire de l'humanité doit au modèle de la guerre des deux races.

À l'encontre de la philosophie politique des XVIIe et XVIIIe siècles, en particulier de celle de Rousseau qui ne conçoit le mode de fonctionnement du corps politique national qu'à travers le face-à-face exclusif de l'État d'une part et des citoyens de l'autre, et qui exclut donc la possibilité de l'existence de corps intermédiaires, la réalité des procédures de gestion politique mises en œuvre par le droit et par la démographie naissante, consacre la division de la société française, sous l'Ancien Régime et jusqu'à la Troisième République au moins, en une série de strates, de couches et de catégories, entités auxquelles viennent s'ajouter les différentes minorités ethno-religieuses présentes de façon temporaire ou permanente sur le sol français, en particulier celle des Juifs.

Si deux classes-ethnies ou « nations », selon la terminologie en vigueur à l'époque, les descendants des Francs et des Gaulois, forment l'essentiel de la société française et si de multiples procédures de division mettent à mal l'idée d'une masse atomisée de citoyens identiques, il existe en outre au sein de l'Ancien régime des « nations » comme la « *nation portugaise* » (Juifs d'Aquitaine) et la « *nation allemande* » (Juifs d'Alsace et de Lorraine) qui ne sont pas gérées directement par l'État royal mais font l'objet d'une véritable « *administration indirecte* », à travers la présence à la tête de ces communautés de « syndics », lesquels sont chargés, comme plus tard les chefs de canton dans les colonies, de percevoir l'impôt pour le compte de la Couronne.

L'administration coloniale indirecte

Paradoxalement, c'est donc ce modèle ethno-racial qui continuera de prévaloir dans le cadre des expéditions et des entreprises de conquête « républicaines » conduites outre-mer par la France postérieurement à la Révolution. Ces entreprises de colonisation placées sous le signe du droit naturel et de la « *mission civilisatrice* » de la France, visaient, à ce titre, à mener à bien une politique d'« *assimilation* » des « *indigènes* ».

Mais, en réalité, elles reposaient, à l'instar de la politique menée en Égypte par Bonaparte entre 1798 et 1801, sur la manipulation ethnique et sur l'administration indirecte de « populations », qui, si elles étaient destinées à s'intégrer en principe à plus ou moins longue échéance au sein du corps politique national, demeuraient néanmoins, pendant une longue période, cantonnées dans un statut inférieur de « sujets » et non de « citoyens ».

La colonisation représente donc une zone d'ombre juridique majeure de l'État français en ce qu'elle révèle la véritable nature de sa mission impossible et la contradiction qui est au cœur de son *modus operandi*, à savoir celle centrée sur la fiction de citoyens vus comme de purs atomes désincarnés. Si crise de l'État républicain il y a, cette crise existe bel et bien depuis la Révolution, dans la mesure où il est apparu à cette occasion, avec l'effet de grossissement propre au prisme colonial, que la machine assimilationniste ou intégratrice exigeait, pour fonctionner, l'existence de stocks différents de populations. Et c'est ce qui explique que le schème de la guerre des deux races ait été aussi facilement exporté dans les colonies avec l'opposition princeps dressée par les administrateurs français en Algérie, à partir de 1830, entre les Berbères d'une part et les Arabes d'autre part, opposition dont on peut encore mesurer l'impact aussi bien en France qu'en Algérie. Mais c'est aussi en Afrique dite « noire » l'opposition entre les populations « blanches », « rouges » ou « hamites », populations de pasteurs longilignes envahisseurs d'une part, et les populations paysannes, autochtones, « bantoues » d'autre part, opposition qui a servi d'explication paradigmatique à la guerre soi-disant ethnique dressant les Hutus contre les Tutsis du Rwanda et qui a également justifié l'appui apporté par la France républicaine au « *tiers-état hutu* » en 1994, dans le cadre de l'Opération Turquoise.

Si la vérité raciologique de l'État républicain français éclate donc dans ses entreprises coloniales, il reste à se demander si ces politiques coloniales de gestion des « populations », politiques enracinées dans des principes de division ethno-sociaux remontant à l'Ancien Régime, n'ont pas fait retour sur le territoire national depuis l'entre-deux-guerres. À cet égard, il est fort intéressant d'interroger la démographie, en ce que cette discipline réunit les principales idées qui ont présidé à la gestion de la population de France. L'une des idées forces de la démographie est en effet celle de la stabilité ethnique de la population française au cours des siècles. Dans cette optique, ce n'est que tardivement, au cours du XXe siècle, qu'une « immigration de quantité » se serait substituée à une « immigration de qualité », autrement dit qu'une immigration-invasion aurait succédé à une immigration peu nombreuse et composée de membres de l'élite. À cette vision dont on peut trouver des échos dans les positions du Front national et dans celles d'une partie de l'UMP, correspond une conception de la population de France dans laquelle les possibilités d'intégration ou d'assimilation des groupes en cause varient directement en fonction de leur origine ethno-raciale. Logiquement, cette vision débouche également sur une politique des quotas, politique qui, même si elle a été écartée officiellement après la Seconde Guerre mondiale, renaît périodiquement de ses cendres lors des échéances électorales et lorsqu'il faut concilier la xénophobie supposée de la population française avec les besoins ciblés de l'économie en spécialistes originaires de tel ou tel pays.

Dans l'histoire récente de l'immigration, deux groupes occupent une place à part, celui des Italiens et celui des Polonais. Dans les deux cas, il s'agit d'une *success story* de l'assimilation de masse puisque même s'il existe des tentatives de réactivation identitaire à des fins de consolation (cf. *Les Ritals*, de Cavanna), ces deux groupes se sont en définitive totalement fondus dans le corps national.

Les difficultés d'assimilation des autres groupes, en particulier de ceux que l'on appelle pudiquement les Blacks et les Beurs, ont naturellement été interprétées en termes de spécificités ethno-culturelles et religieuses alors qu'elles coïncident avec les avatars des politiques de colonisation et de décolonisation et qu'elles sont accentuées par la crise de l'État républicain et son remplacement progressif par l'État libéral-communautaire.

L'État libéral-communautaire et le retour du refoulé colonial

C'est de 1974, sous Giscard d'Estaing, qu'il faut dater le début du déclin de l'État républicain. Avec la fin de l'immigration légale se mettent en place des politiques de substitution visant à offrir quelques compensations aux immigrés en facilitant leur retour au pays et en favorisant l'intégration de ceux demeurant sur place. Ainsi sont accordées des primes au départ et sont prises des mesures devant permettre une meilleure expression culturelle et donc une meilleure insertion de populations que l'on a par ailleurs renoncé à assimiler. L'introduction de langues comme l'arabe et le portugais, par exemple, dans l'enseignement public, ainsi que les subventions accordées aux associations culturelles et religieuses traduisent l'émergence dans le champ politique français d'un nouveau concept, celui de « société civile », entité chargée de s'autogérer à travers les différentes instances mises en œuvre à cet effet. La cure d'amaigrissement à laquelle est soumis l'État républicain a pour corollaire la volonté de ce même État de déléguer à certaines associations son pouvoir sur des secteurs entiers de la population, secteurs considérés comme ingérables dans le cadre d'une administration directe républicaine. Se mettent donc en place, sous l'égide de l'État libéral communautaire, des zones de non-droit dans lesquelles une administration indirecte de type colonial est censée prendre en charge ce que l'on appelle les quartiers sensibles ou difficiles, les zones d'éducation prioritaire, les zones franches, etc.

Ces quartiers ciblés et redécoupés à l'intérieur du territoire national représentent donc de véritables colonies, des sortes de zones tribales dans lesquelles la sécurité n'est pas assurée et qui évoquent aussi bien les *townships* sud-africains que les ghettos nord-américains. Plus que les difficultés supposées de l'intégration des populations blacks ou beurs, c'est bel et bien la relégation de ces groupes dans des quartiers réservés que l'on peut observer, quartiers réservés peuplés de citoyens de seconde zone et affublés de certains vocables peu flatteurs mais éloquents comme celui de « *sauvageons* » par exemple, lesquels ne sont pas sans rappeler les fameuses « *classes dangereuses* » du XIXe siècle.

Là gît sans doute le véritable ressort du fondamentalisme dans notre pays. Plus qu'un illusoire « retour du religieux », retour qui fournirait la clé d'explication magique du repli communautaire des groupes issus de l'immigration, c'est la politique de l'État libéral communautaire qui explique cette situation. À cet égard, la mise en place des institutions représentatives de l'islam de France, en particulier la consultation qui a été entreprise il y a quelques années, en fournit une illustration frappante. En déplorant l'absence de statistiques sur les musulmans de France[1] et en recensant les effectifs à partir des seuls lieux de culte et de la superficie de ceux-ci, l'État a assimilé les musulmans aux seuls pratiquants de cette religion et les a donc institués en tant que groupe quasi-ethnique puisqu'il a interdit dans le même temps à tous ceux qui s'estimaient simplement musulmans de participer au vote.

En outre, l'État, en se fondant sur la seule superficie des mosquées et des associations religieuses, a renforcé du même coup le poids des groupes fondamentalistes dont l'opposition à ce qui reste de la laïcité républicaine en France est patente. Si l'on ajoute à cela que les maires, dans la crainte d'un soulèvement des banlieues consécutif aux frappes américaines en Afghanistan, se sont livrés à des consultations auprès des représentants des grandes religions, on pourra en

1. « Michèle Tribalat, démographe, dénonce le flou statistique en France. "Aucune donnée fiable sur l'islam." » *Libération*, 23 octobre 2001.

conclure que tous les ingrédients étaient réunis pour que se déclenche un conflit larvé entre les différentes « communautés ».

Par l'effet d'un jeu de miroirs entre l'État et les médias d'une part, et les porte-parole des communautés d'autre part, se met ainsi en place un processus d'auto-réalisation de groupes qui ne doivent leur existence qu'à la seule valeur performative des discours qui sont tenus sur eux. Dès que le moindre incident éclate dans une synagogue ou une mosquée, les représentants autoproclamés de la « communauté juive » ou « musulmane » ou « maghrébine » – ces concepts étant à géométrie variable – sont conviés à donner leur point de vue, en prenant du même coup en otages les individus sérialisés qui occupent tous des positions différentes par rapport au référent en cause. C'est dans ce cadre qu'il faut replacer le durcissement des identités et le remplacement de certains labels par d'autres – Israélites par Juifs par exemple. L'ethnicisation des groupes à laquelle on assiste actuellement en France – durcissement souhaité par les uns au nom du multiculturalisme et rejeté par les autres au nom du républicanisme – est assurément le symptôme d'une modification des rapports sociaux dans l'hexagone. Celle-ci a été classiquement appréhendée par les sociologues comme la manifestation, à travers la fin du plein-emploi et l'extension du chômage, d'un phénomène de désaffiliation des acteurs sociaux. Mais ne faudrait-il pas voir également, sous cette métamorphose de la question sociale chère à Robert Castel, un surgissement de la question ethnique encouragée par ces mêmes sociologues ?

La mission impossible de l'État républicain

C'est à la lumière de cette problématique qu'il serait souhaitable d'examiner la question du multiculturalisme dans son rapport avec le républicanisme. Cette dernière position qui n'est pratiquement plus défendue par quiconque à gauche, relève en effet de la mission impossible. Comment défendre un modèle républicain dont le sort est aussi étroitement lié à la nation française d'une part et au catholicisme d'autre part? Comment défendre le dimanche, jour chômé, aux yeux des Juifs et des musulmans ? Comment se dépêtrer des contradictions de l'État français qui interdit le port du voile dans les écoles publiques, mais qui finance en même temps l'école confessionnelle catholique? Pris entre ses exigences d'universalité et son enracinement gallo-catholique, le modèle républicain français est difficilement exportable face à un modèle multiculturaliste américain qui a déjà pénétré les instances européennes et internationales (Communauté européenne, Nations Unies). Coincé entre ses rêves de grandeur d'autrefois, grandeur associée à la pratique universelle de langue française, et la triste réalité d'aujourd'hui où, face à l'anglais, l'idiome national est ravalé au rang de langue régionale, l'État républicain se doit en outre de donner des gages au multiculturalisme dominant en favorisant l'extension des langues minoritaires (breton, basque, corse, etc.) qui le menacent dans son fondement. À la fois pas assez universel et pas assez particulariste, l'État républicain que l'on accable de tous les maux, sans qu'il ait plus démérité que d'autres, est cerné de toute part.

II

L'ethnicisation des rapports sociaux : réalité objective ou mise en scène réglée du corps social ?

La conjoncture actuelle marquée par l'élection de Nicolas Sarkozy à la présidence de la République le 6 mai 2007 se traduit par la montée en puissance, sur le terrain politique, des idées de race, d'ethnicité et de biologisation des rapports sociaux. Quelques exemples suffiront à étayer cette affirmation : la création du ministère de l'Immigration, de l'Intégration, de l'Identité nationale et du Développement solidaire, l'affaire des tests ADN visant à prouver la filiation dans le cadre du regroupement familial, seule forme d'immigration légale[1], la création avortée[2] de l'Institut d'études sur l'immigration et l'intégration présidé par l'académicienne Hélène Carrère d'Encausse, dont les déclarations ouvertement racistes au moment des émeutes

1. La décision du recours à ces tests a été votée par le Parlement mais finalement annulée par Éric Besson, alors ministre de l'Immigration, de l'Intégration, de l'Identité nationale et du Développement solidaire.

2. À la suite de la protestation de chercheurs en sciences sociales, dont certains sont pourtant partisans des statistiques ethniques ; on reviendra plus loin sur cette contradiction.

de banlieue de novembre 2005[1] ont suscité la polémique, l'instauration de quotas d'immigrants, la création de statistiques ethniques – suspendue par le Conseil constitutionnel en novembre 2007 puis relancée avec la mise en place par Yazid Sabeg du COMEDD (Comité pour la mesure et l'évaluation des discriminations et de la diversité) pour être finalement passée aux oubliettes après le fiasco du débat sur l'identité nationale.

Tous ces exemples attestent qu'il y a bien à l'œuvre, pour reprendre la terminologie de Michel Foucault, une extension du biopolitique et d'une politique de surveillance au sein de l'Hexagone. Mais ce qui est paradoxal, c'est que les deux volets de cette politique (biopouvoir et surveillance), qui traduisent la présence des idées du Front national au sein du pouvoir et qui tombent donc sous le coup de la critique foucaldienne, sont également confortées en un sens par la montée concomitante des idées postcoloniales, elles-mêmes en partie issues de la « *French theory* », c'est-à-dire de la gauche déconstructrice heideggérienne.

En effet, c'est sur la base de la déconstruction des grands récits issus des Lumières – le récit républicain et le récit de la lutte des classes

1. Émeutes qui, selon elle, auraient été liées au fait que les jeunes émeutiers étaient issus de familles polygames.

– qu'a pu se développer à gauche, ou au sein d'une partie de la gauche, un récit postmoderne et postcolonial axé sur la reconnaissance, dans un contexte multiculturel, de l'ethnicité, de la race, des minorités visibles, en un mot du « *fragment*[1] ». On voit ainsi que les notions de culture, d'ethnicité et de multiculturalisme ont pour effet, au-delà de la reconnaissance de la ou des différence(s) – de la « diversité », comme on dit en France – de conforter par une sorte d'effet boomerang l'identité nationale « blanche » catholique dominante, celle des « *Français de souche* » comme on dit au Front national, ou celle des « *souchiens* » comme on dit chez « Les indigènes de la République ». On a pu d'ailleurs observer un même recours aux idées de race, d'ethnicité et de biopolitique par la droite, surtout la droite extrême (Brice Hortefeux) et par la gauche multiculturelle et postcoloniale, lesquelles, toutes deux, et à partir de fondements opposés, ont été amenées à revendiquer le principe de race comme élément structurant de la société française.

Cette montée aux extrêmes du principe de race rend le combat antiraciste – lui-même disqualifié

1. La thématique du « *fragment* » a été particulièrement développée par M. Hardt et T. Negri (voir leur livre *Multitude: guerre et démocratie à l'âge de l'empire*, 10/18, 2006). Voir également la notion d'« *essentialisme stratégique* » chez Gayatri Spivak. Sur l'ensemble de cette question, voir notre livre, *L'Occident décroché, op. cit.*

par Pierre-André Taguieff, au début des années 1990, au nom de l'anti antiracisme – extrêmement difficile à mener[1]. En effet, la gauche s'est avancée en ordre dispersé face à la présence de membres des « minorités visibles » au sein du gouvernement (Rachida Dati, Fadela Amara, Rama Yade), présence qui s'est conjuguée avec une défense forcenée de l'identité française[2]. Le martèlement des thèmes de l'identité française, du « rôle positif » de la colonisation, de la légitimité de la mémoire pied-noir et du contrôle de l'immigration se marie très bien avec la promotion des identités de couleur et de race, c'est-à-dire de celles qui ont réussi à passer entre les mailles du filet, qui sont « intégrées » et manifestent donc avec éclat l'idée d'une diversité « paillettes ».

Si un certain front a pu se constituer contre la création de l'Institut d'études sur l'immigration et l'intégration par exemple, celui-ci se

1. L'argument était le suivant : les républicains universalistes nous disent que la « race » n'existe pas, mais les discriminations raciales dont sont victimes les « Blacks » et les « Beurs » notamment montrent que la catégorie de « race » existe bel et bien.

2. Voir, après la défaite du parti de gouvernement aux municipales de mars 2008, la visite à Toulon de Nicolas Sarkozy et de Brice Hortefeux, en compagnie duquel il ne se montrait plus ; voir aussi la campagne menée en novembre 2009 par Éric Besson sur le thème de l'identité nationale en prévision des élections régionales de mars 2010.

fissure dès qu'il est question d'introduire des statistiques ethniques dans les recensements et les enquêtes démographiques. D'un côté, on trouve des organisations (comme SOS Racisme, le MRAP, la LICRA, la LDH dans une certaine mesure) qui militent en faveur d'un engagement « républicain » contre les discriminations. Ces dernières considèrent en effet que la lutte est à mener prioritairement en agissant contre le racisme et contre ceux qui discriminent, et non en agissant à partir de ceux qui sont discriminés. C'est pourquoi ils s'élèvent contre l'utilisation des statistiques ethniques dans les recensements et proposent comme méthode alternative de détection du racisme le *testing*, pratique qui consiste par exemple à envoyer des membres des minorités visibles à l'entrée des boîtes de nuit pour voir si ces personnes sont victimes d'un rejet. Mais cette méthode, faisant appel à la définition préalable de « minorités visibles », tombe du même coup sous les critiques des partisans des statistiques ethniques, qui ne voient pas de différence entre la position des républicains et ce qu'eux-mêmes proposent[1]. Cependant, certains de ceux qui s'opposent aux statistiques ethniques font ou ont fait partie

1. Sur un autre plan, les enquêtes s'appuyant sur les patronymes sont tout aussi critiquables : un juif français originaire d'Afrique du Nord et un musulman ressortissant d'un pays du Maghreb peuvent avoir le même patronyme.

d'organismes militant pour la reconnaissance des minorités visibles (le CRAN, par exemple).

De l'autre côté, il y a la gauche et l'extrême gauche multiculturalistes et postcoloniales qui s'engagent ou se sont engagées en faveur des « *statistiques de la diversité* », seul moyen selon elles de combattre les discriminations, ou qui estiment que la reconnaissance de l'ethnie et de la race est un facteur essentiel pour expliquer les émeutes des banlieues de novembre 2005. Certains des membres de cette gauche multiculturaliste ont d'ailleurs apporté leur aide au gouvernement pour instaurer par exemple la « diversité » dans l'enseignement supérieur et, prolongeant leur action dans ce sens, ont rejoint la commission Yazid Sabeg. Il est d'ailleurs à noter que les députés du PS se sont alignés sur cette politique de la diversité et qu'ils préconisent désormais l'instauration de statistiques ethniques[1]. Mais, au sein de ce parti, il existe des voix divergentes : celle de Malek Boutih entre autres. Enfin, il faut noter que le Nouveau parti anticapitalisme (NPA) s'est également prononcé en faveur de la discrimination positive alors que Jean-Luc Mélanchon du Front de gauche y est opposé.

La droite et le pouvoir sont également divisés sur la question des statistiques ethniques : Yazid Sabeg est pour, bien entendu, mais Fadela

1. *Le Monde* du 20 février 2009.

Amara, Alain Juppé, Henri Guaino sont contre, Jean-François Copé est « réticent », etc. Les positions de Louis Schweitzer et de Patrick Weil sont incertaines. La situation est d'ailleurs très labile, Patrick Gaubert, nommé par Sarkozy à la tête du Haut conseil à l'intégration (HCI) et président de la LICRA ayant lui aussi créé une commission anti-statistiques ethniques[1].

Faut-il en conclure que la race et l'ethnicité ont pris le commandement du combat politique et que ces principes ont fait exploser le clivage droite-gauche ? Oui et non. En faveur du oui, on peut se demander si la question « raciale » n'est pas devenue un dérivatif, un cache-misère permettant d'évacuer la question sociale, de transformer le quantitatif qui coûte cher (le pouvoir d'achat) en qualitatif qui ne coûte pas cher ? À effectifs égaux, cela ne coûte rien en effet d'augmenter le nombre de policiers blacks ou beurs[2].

Ce combat en faveur de la reconnaissance de l'ethnicité et de la race est certainement un problème majeur de notre époque, en tout cas en France. C'est lui qui est au fondement de la politique « d'ouverture » de Sarkozy, en ce qu'il lui permet de dépasser, de faire véritablement

1. C. Coroller, « Statistiques ethniques : les opposants répliquent », *Libération* du 10 avril 2009.
2. Voir, à ce sujet, pour les États-Unis, le livre de W. Benn Michaels, *La Diversité contre l'égalité*, Paris, Raisons d'agir, 2009.

exploser le clivage droite/gauche – même si celui-ci se reconstitue en certaines occasions comme lors des municipales de 2008.

En faveur du non, on peut estimer que la race, l'ethnicité sont avant tout des marqueurs, dès lors qu'ils permettent tous les positionnements politiques possibles. On peut suspecter par exemple que, parmi les membres de la majorité présidentielle, certains se soucient comme d'une guigne des statistiques ethniques, mais que leur opposition à ces statistiques est simplement une façon de marquer leur différence par rapport à Sarkozy. Lui-même, ou ses proches n'ont d'ailleurs pas une position tranchée sur cette question, mais s'agit-il vraiment de divergences d'idées ou simplement de stratégies alternatives visant un marché politique ?

Le marché politique de l'ethnicisation

Existe-t-il en France à l'heure actuelle un « marché » de l'ethnicité, du particularisme, du fragment ? Ne s'agit-il pas de fragmenter le corps national ou de tenir compte de sa fragmentation, de la faire exister sur le mode de la performativité ou de la prophétie auto-réalisatrice ? Car le problème qu'ont à affronter les gouvernants est celui de la multiplication des revendications identitaires contradictoires dans un contexte de globalisation et d'existence de « diasporas » (droit d'Israël à exister, droit des Palestiniens à avoir un

État, droit des Turcs à entrer dans l'Europe, droit des Arméniens à la reconnaissance de « leur » génocide, etc.).

La fragmentation, la croyance en la fragmentation ou bien encore la mise en scène de la fragmentation, permettent de surfer sur les attentes du corps social hexagonal en conjoignant les aspirations des différents électorats qui le composent ou en lesquels on les divise. Électorat « blanc », catholique, juif, électorat « noir », maghrébin, issu de l'immigration, rapatrié-pied-noir, etc. Diviser pour régner sur l'électorat, opérer une nouvelle découpe du corps social pour en faire un corps politique manipulable, est donc la fonction première de ce débat sur les statistiques ethniques, de sorte que, précisément, il ne faut pas se tromper de débat, ou de combat. La question consiste moins à discuter de la pertinence des statistiques ethniques pour mesurer les discriminations, et ceci quelle que soit la façon dont on définit ces discriminations, que sur la place que ce débat occupe sur la scène politique hexagonale, y compris à gauche et à l'extrême gauche. Cette discussion ne constitue-t-elle pas, d'un bout à l'autre de l'espace politique, une stratégie de positionnement ? Ne s'agit-il pas d'une offre politique, en termes de « diversité », qu'on peut appeler « paillettes », et qui repose moins sur des convictions « multiculturelles » ou « républicaines » que sur la volonté d'occuper, de se disputer l'espace politique, y compris au sein de son propre camp ?

De ce point de vue, certaines notions comme celles de « statistiques ethniques », de « diversité » ou de « discriminations » sont davantage des slogans, des enjeux ou des marqueurs destinés à un marché politique que l'objet d'un débat de fond. Et l'on peut se demander si les principaux intervenants au sein de cette discussion seraient capables de donner une définition précise des principales notions en cause (ethnie, race) ou d'en situer les enjeux intellectuels et politiques.

Le marché institutionnel de l'ethnicisation

On peut sans doute faire le même type de raisonnement à propos des organismes de recherche (INED, INSEE, etc.) et des instituts de sondage d'opinion présents sur le marché de l'ethnicisation. Pour ces organismes, la question des statistiques ethniques, de la mesure de la diversité et des discriminations, est centrale en matière de financement. Ce type d'enquête représente en effet à l'heure actuelle, en France, un nouveau marché financier, institutionnel, très prometteur pour des instituts situés à la frontière de la recherche et du fonctionnement direct de l'appareil d'État (il est, toutes choses égales par ailleurs, l'équivalent du « *marketing ethnique* » pour les entreprises). Non pas que le CNRS, l'EHESS, l'Université, voire l'Institut de recherche sur le développement (IRD) soient des organismes libres de toute attache avec l'État, mais ils sont moins directement opérationnels, quoiqu'en disent les chercheurs appartenant aux organismes les plus engagés dans la traque de l'ethnicité. Là encore, au sein d'organismes statistiques comme l'INSEE ou démographiques comme l'INED, la pratique de l'enquête « ethnique » peut aller de pair avec un positionnement de « gauche », voire d'« extrême gauche », puisque ces enquêtes se font au nom de la lutte contre les discriminations et les poches de handicap et de pauvreté [1], soit donc contre l'universalisme républicain coupable de recouvrir les différences d'un « *voile d'ignorance* » (John Rawls). Et l'on voit donc s'opérer un transfert du regard de la question sociale vers la question raciale ou ethnique, au nom de la reconnaissance de la diversité et des discriminations, lesquelles expliqueraient par exemple les émeutes de novembre 2005 [2].

1. Voir l'article de Patrick Simon, « Comment la lutte contre les discriminations est-elle passée à droite ? », *Mouvements* n° 52, 2007, p. 153-163.
2. Voir D. et É. Fassin (éds.), *De la question sociale à la question raciale ? Représenter la société française*, Paris, La Découverte, 2006 ; R. Castel, *La Discrimination négative, citoyens ou indigènes ?*, Paris, Le Seuil, 2007 ; Pap N'Diaye, *La Condition noire. Essai sur une minorité française*, Paris, Calmann-Lévy, 2008 ; H. Lagrange, *Le Déni des cultures*, *op. cit.*

Dans cette perspective, l'ethnicisation des rapports sociaux – le fait que la ou les classe(s) sociale(s) céderaient la place à la ou les race(s) – deviendrait une caractéristique objective de ces mêmes rapports sociaux. La gauche marxiste et/ou républicaine, incapable de rendre compte de ces nouveaux rapports sociaux de races, aurait ainsi offert un boulevard aux positions postcoloniales. Au contraire, dans la perspective qui est proposée ici, l'ethnicisation des rapports sociaux est l'effet du retournement du stigmate opéré par certains acteurs sociaux à partir de catégories coloniales, comme celles de « Noir », d'« Afrique noire », de « Nègre » ou de « négritude » en particulier ; l'effet également de l'enregistrement performatif de la diversité réalisé par l'appareil d'État sous forme de statistiques ethniques et la création subséquente d'entailles verticales au sein du corps social. Dans la discussion actuelle, la question s'est en effet déplacée des statistiques ethniques au « *ressenti d'appartenance*[1] ». Qu'enregistre-t-on lorsqu'on prétend s'en tenir au « *ressenti* » des sondés, arme ultime des partisans de la « *mesure de la diversité* » ? Ce terme, récent et particulièrement flou, vient de la psychologie du travail et de la météorologie[2].

1. Voir l'interview de François Héran dans *Le Monde* du 25 mars 2009 : « Statistiques ethniques, non ! Mesure de la diversité, oui ».

2. Avec l'opposition entre le froid « objectif » exprimé en

Il s'agit en fait des représentations, des catégories, des stéréotypes ethniques, raciaux présents dans l'air du temps et possédant donc une existence collective, autonome, indépendante de la volonté des acteurs. Ce sont ces stéréotypes que les acteurs sociaux se réapproprient sur une base individuelle[1]. Mesurer la diversité, ce n'est donc pas seulement l'enregistrer, c'est aussi la faire advenir, la créer[2]. Identifier les personnes discriminées, c'est bel et bien créer des identités. Chaque terme utilisé (noir, juif, maghrébin, rom, etc.) a en effet une histoire : il est apparu à telle époque, dans telles circonstances, et a été ensuite

---

degrés et le « ressenti » plus accentué de ce même froid dû à l'« effet vent » par exemple.

1. On pourrait décrire ce schéma de réappropriation de la manière suivante : le départ est fourni par les « stigmates » coloniaux (mais pas seulement), racistes (les stéréotypes concernant les juifs et les Tsiganes ne sont pas coloniaux), ou plus généralement ceux qui résultent d'un enjeu entre ceux qui assignent une identité et ceux qui sont assignés à résidence identitaire. On passe dans un deuxième stade au fameux « ressenti » résultant du retournement de ces stigmates et de leur réappropriation par des sujets individuels (ou bien encore de la transformation de signifiants globaux en signifiés particularistes) pour enfin parvenir à la troisième étape, celle qui est véritablement visée, à savoir l'établissement d'un référentiel ou d'un « nuancier » servant à la confection de questionnaires et de statistiques ethniques.

2. Contrairement à ce qu'affirme Patrick Simon dans *Le Monde* du 3 avril 2009 : « Ne pas créer des identités » dans le dossier intitulé « Les tirs de barrage contre les statistiques ethniques ».

remplacé par tel autre dans d'autres circonstances. Chaque terme est donc l'effet d'une lutte entre ceux qui nomment, qui assignent une identité, un label et ceux qui sont nommés, assignés à résidence identitaire de telle ou telle manière ou qui refusent de l'être.

Il résulte de ce qui précède : premièrement, qu'on ne peut pas définir *a priori* l'identité d'un individu par sa mono- ou même sa multi-origine et, deuxièmement, que l'identité choisie (le « ressenti ») ne résulte pas d'une libre détermination mais de l'appropriation de catégories déjà présentes qui charrient toute une histoire et donc toute une série de présupposés.

On aura compris que le problème des statistiques ethniques ou de la mesure de la diversité et donc du multiculturalisme, est tout autant une affaire de représentations que de constat d'une réalité sociale objective.

III

La « séquence » Roms

On sait que Nicolas Sarkozy, sous l'impulsion de ses conseillers en communication (« *spin doctors* »), a décidé de placer son mandat sous le signe de la narrativité (« *story telling* ») d'un récit présidentiel axé sur la succession d'une série de séquences. C'est par la scansion de ces séquences que peut être assuré l'art du contre-pied et du rebond qui permet au locataire de l'Élysée de surprendre ses adversaires à la manière d'un insaisissable furet, jamais là où on l'attend[1]. L'objectif d'ensemble étant bien entendu d'opérer la fragmentation, le morcellement et la division de l'électorat de façon à réunir un conglomérat d'électeurs de toutes tendances et origines sociales, celui-là même qui lui a permis d'obtenir haut la main la victoire lors de la dernière élection présidentielle. Nombre de séquences de ce récit ont concerné, depuis mai 2007, la question ethnique, raciale et culturelle sans que cet exercice dûment programmé revête les traits d'un principe

1. Voir à ce sujet, J.-L. Amselle, « Un pôle de radicalité », *Lignes* n° 25, 2008, p. 35-50.

purement univoque. Ainsi l'« ouverture à gauche » du début du mandat, qui a vu le recrutement de ministres, de secrétaires d'État ou de responsables « issus de la diversité » (Rachida Dati, Fadela Amara, Rama Yade) s'est accompagnée d'un discours à tonalité barrésienne prononcé à Dakar en 2007. De même, la séquence « statistiques ethniques » tournée vers la réalisation de la discrimination positive et placée également sous l'égide d'un « issu de la diversité » (Yazid Sabeg) a-t-elle eu l'immense mérite de diviser la gauche en réussissant à dresser sa composante « multiculturelle et postcoloniale » contre sa composante « républicaine », celle-ci étant vouée aux gémonies par la première. Si cette séquence a péri de sa belle mort grâce à l'action efficace de la Commission alternative de recherche sur les statistiques et les discriminations (CARSED[1]), le débat a rapidement ressurgi grâce à la nouvelle séquence sur l'« identité nationale » introduite par Éric Besson lors de la campagne pour les municipales de 2008 et entérinée par Nicolas Sarkozy à l'occasion de son discours de la Chapelle-en-Vercors, le 12 novembre 2009. En effet, depuis la défaite de l'UMP aux élections municipales de 2008, et parallèlement à la séquence « statistiques ethniques » a été enclenchée une autre séquence

1. CARSED, *Le retour de la race. Contre les « statistiques ethniques »*, La Tour d'Aigues, Éditions de l'Aube, 2009.

axée sur la reconquête des électeurs du Front national. Cette séquence « identité nationale » a été présentée de façon positive comme une façon de promouvoir « notre » patrimoine national (« nos églises et nos cathédrales »), c'est-à-dire en fait de défendre l'identité chrétienne de la France face aux envahisseurs islamiques symbolisés par le port de la burqa [1]. Là encore, cette séquence islamophobe a été un coup de maître puisqu'elle a permis de cliver la gauche et, en particulier, le PS, profondément divisé sur la question de la burqa mais également de tout son arrière-plan : le voile et, de façon générale, l'islam. C'est cette division qui a permis l'adoption de la loi prohibant le port du voile intégral dans l'espace public du 14 septembre 2010 [2].

À cette séquence « identité nationale » islamophobe et anti-burqa a rapidement succédé, au cours de l'été 2010, une séquence anti-Roms. Prenant prétexte des désordres provoqués par des « gens du voyage » à Saint-Aignan dans le Loir-et-Cher, à la suite de la mort d'un jeune homme abattu par un gendarme, le gouvernement s'est engagé dans la voie de la stigmatisation des Roms, du démantèlement de leurs

1. http://www.bakchich.info/L-identite-nat-c-est-tout-com,09243.html (archive).

2. La commission parlementaire sur la burqa était présidée par André Gerin (PC) et a fait l'objet d'un rapport par Éric Raoult (UMP).

campements et de l'expulsion des ressortissants roumains appartenant à cette « communauté » vers leur pays d'origine.

Là encore, par ce ciblage ethnique, le gouvernement réalisait un coup de maître en opérant une confusion habile entre « gens du voyage » français et Roms roumains et en jouant sur les sentiments anti-Gitans d'une bonne partie de la population française. De surcroît, la gauche et le PS, qui auraient dû monter au créneau avec vigueur, se sont en fait révélés assez mous sur cette question, laissant ainsi le champ libre à l'extrême gauche multiculturelle et postcoloniale prompte à s'émouvoir lorsqu'il est question de stigmatisation ethnique, même si elle n'est pas par ailleurs la dernière à mettre en avant les singularités raciales et culturelles. Ces mesures anti-Roms décidées par le gouvernement n'ont pas manqué de s'attirer les foudres des instances européennes – elles-mêmes travaillées par les lobbies ethniques [1] – et, en particulier, de la commissaire Viviane Reding qui a évoqué la période nazie. Mais cette déclaration, rapidement tempérée par les propos plus diplomatiques du président de la Commission européenne, José

1. C'est en particulier le cas de pays comme la Finlande qui ont une conception ethnique, voire génétique de la nation. Cf. G. Keryell, *Locuteurs citoyens et locuteurs parents : étude contrastive de l'appartenance nationale en France et en Finlande*, thèse de l'Université de Bretagne occidentale, Brest, 2010.

Manuel Barroso, a eu des effets contrastés au sein de l'électorat de Sarkozy, ou tout du moins de celui qu'il souhaite reconquérir[1]. Si elles ont, sans doute, conforté son impact chez les électeurs du Front national, elles lui ont en revanche aliéné une partie des électeurs catholiques que le Président compte récupérer après avoir fait acte de contrition auprès du Pape.

C'est dans ce contexte que se situe la sortie du livre d'Hugues Lagrange, *Le Déni des cultures*, qui a connu un succès immédiat – le premier tirage a été épuisé en quelques jours – à la suite d'un extraordinaire battage médiatique tant dans la presse de droite que de gauche[2]. Alors que ce livre était « attendu », en fonction du climat à la fois multiculturel et xénophobe dominant, il a été présenté par les médias et par les politiques comme une divine surprise, comme un texte mettant « les pieds dans le plat » d'une gauche angélique et républicaine refusant de voir la réalité en face, c'est-à-dire de tenir compte des spécificités ethniques et culturelles de groupes liés à l'immigration. Bien entendu, en toile de fond de ce débat d'idées, se situent les émeutes de 2005 dont l'explication reste à fournir, ou plutôt

1. La procédure de la Commission européenne contre la France a d'ailleurs été abandonnée. Cf. http://www.liberation.fr/societe/01012297153-roms-vers-un-abandon-de-la-procedure-contre-la-france.

2. H. Lagrange, *Le Déni des cultures*, *op. cit.*

dont il ne saurait être question, pour la droite comme pour une partie de la gauche, de rendre compte en termes économiques et sociaux. Là encore, les causes « culturelles » semblent les plus commodes à invoquer, et l'on n'a pas oublié que tant l'académicienne Hélène Carrère d'Encausse que le ministre délégué à l'emploi d'alors et actuel président du Sénat, Gérard Larcher n'avaient pas hésité à attribuer la cause de ce soulèvement au fait que les jeunes émeutiers étaient issus de familles africaines polygames. Dans ce contexte, la polygamie, l'excision, de même que la burqa, vont sans doute continuer dans les mois qui viennent à servir de marqueurs négatifs de l'identité française en permettant la mise en œuvre de la législation sur la déchéance de la nationalité. Que cette législation n'arrive pas jusqu'à son terme n'a en réalité que peu d'importance au regard de l'objectif symbolique de réussite de cette séquence, elle-même axée sur le morcellement ethnique de la société française.

L'ethnicisation de la société française

Si, le Club de l'Horloge, proche du Front national, a abandonné le racisme biologique, à la fin des années 1980, au profit du racisme « culturel », il semble que depuis quelques années le racisme biologique ait opéré un retour en force dans l'espace public en s'appuyant notamment sur l'utilisation des tests ADN. Le début du quinquennat a vu ainsi le projet d'utiliser ces tests aux fins de vérification des liens de famille des migrants arrivant dans le cadre du regroupement familial, avec leurs parents déjà installés sur le sol français. Même si cette mesure a tourné court, on l'a vue réapparaître à l'occasion de l'expulsion des Roms[1]. Cette séquence rom a en effet le mérite, si l'on peut dire, de faire émerger rétrospectivement le fondement raciologique de l'appareil d'État français, et notamment de son appareil policier, au-delà de son caractère « républicain » auto-proclamé et de l'interdiction des statistiques ethniques qui en découle. Grâce aux révélations des journaux *Le Monde, Libération, Le Canard enchaîné* et du site d'informations *Rue 89* a été dévoilé tout un pan de la raciologie mise en œuvre par l'État français, sur laquelle il convient de s'attarder quelque peu[2]. Cette racio-

1. http://veilleur.blog.lemonde.fr/2010/10/08/des-roms-ont-subi-des-tests-adn-selon-la-ligue-des-droits-de-lhomme. Voir également au sujet de l'extension du fichage et de l'identité génétique en liaison avec l'édiction de la loi de sécurité intérieure (Loppsi), l'article de Thomas Heams, « Le ministre, l'ADN et les assureurs », *Libération*, 25 octobre 2010.

2. *Libération*, 8 octobre 2010, *Le Monde*, 8 octobre 2010, *Rue 89*, 7 octobre 2010. Tant Jacques Morel, ancien responsable de l'OCLDI (Office central de lutte contre la délinquance itinérante) que la CNIL nient l'existence de ce fichier. Cependant, il subsiste un doute puisque des données ethniques sur les Roms ont bel et bien été repérées sur les ordinateurs de la Gendarmerie nationale.

logie repose, en effet, sur un profilage ethnique et généalogique très fin des populations classées comme « Minorités ethniques non sédentarisées » (Mens). Elle distingue ainsi, parmi la « délinquance itinérante », plusieurs « groupes à risques » (« gens du voyage », « Manouches », « Gitans » et « itinérants ») et va jusqu'à mettre en corrélation « *la généalogie des familles tsiganes, les modes opératoires de certains types de délits comme le recel, le blanchiment et l'association de malfaiteurs* ». Ce raffinement typologique n'évoque d'ailleurs pas seulement, selon l'expression consacrée, « les heures les plus sombres de notre histoire », mais également les travaux menés par l'Unesco, depuis la fin de la Seconde Guerre mondiale, sur les « peuples autochtones » et les « minorités ethniques » puisque le fichier « Mens » de la Gendarmerie nationale procéderait d'une étude sur « La délinquance des Tziganes » menée en 1969 par cette organisation internationale[1]. En ce sens, l'accent mis par l'Unesco sur la « diversité culturelle », notion issue elle-même de celle de « bio-diversité », déboucherait bel et bien, par une sorte d'effet pervers sur la stigmatisation ethnique des Roms telle qu'elle est pratiquée par l'État français.

1. B. Rossigneux, « La sémantique-tac du gendarme », *Le Canard enchaîné*, 14 octobre 2010. Une plainte contre ce fichier Mens a été déposée par plusieurs associations, cf. http://www.rue89.com/2010/10/26/plainte-contre-la-france-pour-violation-des-droits-des-roms-173343.

Ce dernier exerce ainsi une action totalement contradictoire sur la constitution de ce groupe-cible. D'une part, la campagne sécuritaire entreprise par Hortefeux et Sarkozy (notamment dans le fameux discours que ce dernier a prononcé à Grenoble le 30 juillet 2010) opère un amalgame entre « gens du voyage » et « Roms ». Mais, de façon contradictoire, le profilage ethnique et généalogique du fichier « Mens » débouche sur une raciologie différentielle extrêmement poussée, somme toute comparable à celle entreprise par Lagrange dans *Le Déni des cultures* et qui conduit à stigmatiser les « *Noirs originaires d'Afrique soudano-sahélienne* » en tant qu'ils seraient responsables d'un taux de délinquance particulièrement élevé. C'est en cela que réside l'aporie de la race – et de la culture – toujours tiraillée entre la subsomption et le raffinement des catégories ethniques.

Une nécessaire déconstruction

Une déconstruction, tant de la catégorie ethnique « Rom » que de celle de minorité, s'avère donc d'autant plus nécessaire qu'une « ethnie » donnée est souvent à même de provoquer une attirance certaine, voire une fascination dont les motivations sont souvent loin d'être claires. Le pathos à l'égard des Roms, le fait de se « pencher » sur leur triste sort, comme on se penchait autrefois sur le sort des pauvres ou de la classe ouvrière, en recourant notamment au texte que Flaubert leur a consacré, n'est pas garante d'une appréhension sereine de cette question, quand bien même l'on ne saurait qu'approuver l'indignation qu'elle suscite. Dans sa lettre adressée à George Sand en 1867, l'auteur de *L'Éducation sentimentale* s'enflamme, en effet, pour un campement de « Bohémiens » établi à Rouen, et qui a le don, selon ses propres termes, d'exciter la « *haine des bourgeois*[1] ». Pour lui, la haine que suscitent ces Bohémiens est de même nature que celle portée « *au Bédouin, à l'Hérétique, au Philosophe, au Solitaire, au Poète* ». Elle a ainsi pour effet d'exaspérer et de provoquer la compassion (il leur donne un peu d'argent) de celui qui a toujours été en faveur des minorités. Ce texte, assez bref, a été largement repris et diffusé par les défenseurs des Roms. On y trouve réunis tous les ingrédients qui expliquent comment une attitude romantique et orientaliste à l'égard de ces « Bohémiens » a pu déboucher sur une vision contemporaine faisant des Roms des sortes de sauvages à domicile, préfigurant, en quelque sorte, la philosophie désirante et nomade de Deleuze, voire les envolées libertaires de Pierre Clastres dans *La Société contre l'État*[2].

1. http://www.rue89.com/2010/08/31/flaubert-les-bohemiens-excitent-la-haine-des-bourgeois-164583.
2. Sur le primitivisme, voir nos *Rétrovolutions, op. cit.*

Or ces catégories – Bohémiens, Romanichels, Gypsies, Roms, gens du voyage, Gitans, Manouches, etc. – doivent être déconstruites, tout comme doit l'être celle de « minorité » non pas, bien sûr, dans le sens d'une raciologie intéressée visant à corréler une appartenance ethnique, familiale, professionnelle avec un profil criminel, mais pour montrer comment ces catégories ont été créées, comment elles ont évolué et abouti aux formes dans lesquelles nous appréhendons actuellement ces collectifs.

En premier lieu, le nomadisme imputé à ces groupes, ou du moins à certains d'entre eux, et qui explique en grande partie la fascination teintée de répulsion qu'ils exercent sur de larges secteurs de l'opinion est, comme on a pu le montrer, l'effet d'une construction ou d'une illusion rétrospective. L'ensemble des groupes labellisés actuellement comme « Roms », « Manouches », « Gitans », « Sinti », « Yeniches », etc. est en effet le résultat d'une série d'histoires longues et complexes[1]. Celles-ci ont eu pour résultat de transformer, selon des logiques observées dans d'autres espaces[2], des statuts socio-professionnels

1. Voir à ce sujet, Elisabeth Clanet, « La fabrique à nomades » http://www.mediapart.fr/club/edition/roms-et-qui-dautre/article/011010/la-fabrique-nomades. Voir également, *Lignes*, n° 34, février 2011, et n° 35, mai 2011, « L'exemple des Roms, les Roms, pour l'exemple ».

2. J.-L. Amselle, *Logiques métisses*, *op. cit.*

multiples (esclaves, gens de caste, métiers) et fonctionnels dans le cadre de formations politiques diverses (empires seljoukide, mamlouk, ottoman), en « ethnies » devenues nomades par la force des choses, et non en raison d'une essence originelle. Le nomadisme des gens du voyage, des Roms et des Manouches est donc en grande partie le résultat d'un processus historique, qui continue d'être entretenu à travers le rejet dont ces mêmes populations font toujours l'objet. Aussi, plutôt que de s'extasier sur le nomadisme ou l'errance de ces groupes, en y voyant, dans une vision romantique, un symptôme de leur résistance à l'État, il serait préférable d'y déceler l'action pernicieuse que certains États ont exercée sur eux tout au long de l'histoire. De même que le mythe du « Juif errant », sans feu ni lieu, a pu alimenter l'imaginaire du XIXe siècle, celui des « gens du voyage », stigmatisés en raison de leur caractère déterritorialisé, pourrait bien, par l'effet d'un retournement du stigmate, venir combler les attentes d'un public prompt à s'enthousiasmer pour le symbole de liberté qu'ils représentent et rejoindre ainsi, dans l'imaginaire européen, d'autres peuples nomades, comme les Touaregs par exemple.

Cette déconstruction de la catégorie ethnique « Rom », analogue à celle qui a été entreprise à propos des Juifs [1], autre peuple « diasporisé »,

---

1. S. Sand, *Comment le peuple juif fut inventé*, Fayard, 2008.

interdit-elle pour autant à ce « peuple » d'organiser sa lutte émancipatrice comme il l'entend? A-t-on le droit de s'interroger sur la légitimité de la construction d'une entité rom pan-européenne ou doit-on se contenter de protester contre le racisme d'État anti-Rom qui inspire la campagne sécuritaire menée par Sarkozy?

Qui parle au nom des minorités?

Dans le débat et le combat récents à propos des Roms et en faveur des Roms, une façon biaisée de présenter les choses consistait à dresser tout uniment, de façon populiste, le peuple ou les peuples face à l'État, aux États. Or, comme on le sait, les peuples, comme les collectifs de tous ordres, s'expriment rarement par eux-mêmes et il leur faut par conséquent des acteurs qui prennent la parole en leur nom. De sorte que plutôt que de voir dans les discours prenant la défense des Roms, en leur propre nom, des expressions spontanées du « peuple » rom, sans doute vaudrait-il mieux les considérer comme des déclarations émanant de porte-parole autoproclamés de ce même groupe. Ce phénomène a été observé à propos d'autres « minorités » constituées pour les besoins de la cause à défendre, au sens où souvent la définition du périmètre de la « minorité » à délimiter devient l'enjeu même d'un « *essentialisme stratégique* », pour reprendre l'expression de Gayatri Spivak à propos de la nécessaire substantialisation des luttes des « *subalternes*[1] ». C'est ainsi que le Conseil représentatif des associations noires de France, par exemple, qui, au départ, entendait assurer une meilleure représentation des Antillais dans les médias français a été conduit, dans un second temps, suite au caractère peu convaincant de son action, à élargir son assiette à celle des « Noirs » de France. La catégorie de « minorité » est donc, comme celle d'« ethnie », tout autant l'effet d'une construction menée en fonction d'une stratégie politique d'accréditation de groupes donnés qu'une donnée immédiate de la vie sociale et politique. Et il est paradoxal, de ce point de vue, de voir protester ce même CRAN, qui a tant œuvré pour la constitution d'une « communauté noire de France », contre la circulaire du ministère de l'Intérieur ciblant les campements roms et prescrivant leur destruction, alors même que cette organisation ne tire sa légitimité que de la mise en forme d'un groupe sérialisé – les « Noirs de France » – dont l'existence ne va pas de soi[2]. Si l'on s'élève en effet, à juste titre, contre une exclusion qui se fonde sur des caractéristiques raciales, ethniques

1. G. C. Spivak, *Les Subalternes peuvent-elles parler?*, Paris, Éditions Amsterdam, 2006.

2. http://patricklozes.blogs.nouvelobs.com/archive/2010/09/14/les-associations-font-reculer-hortefeux-sur-la-circulaire-an.html.

et culturelles imputées, on ne saurait accepter, par ailleurs, que des « entrepreneurs d'ethnicité » attribuent une éligibilité, et une légitimité, à certains groupes en en faisant le produit de ce qui ne peut apparaître, au bout du compte, que comme une exclusion positive.

*

Le processus d'ethnicisation de la société française, auquel on assiste actuellement, est donc un phénomène complexe que l'on ne saurait réduire à l'effet malsain et dangereux d'un racisme d'État. Mais, si l'on doit admettre que le racisme ne procède pas seulement de l'État, il ne faudrait pas davantage croire que l'antiracisme émane uniquement du peuple ou des peuples concernés. Comme on l'a dit, les peuples, les communautés, les groupes, les « ethnies » ou les « minorités » ont rarement la possibilité de s'exprimer en leur nom propre et cela, en premier lieu, parce que leur « propre nom » est lui-même l'objet d'un enjeu. Lorsqu'on s'interroge sur ce qu'est un peuple, il faut se poser la question du nom qui lui a été attribué, ou plutôt s'interroger sur ceux qui lui ont attribué ce nom. C'est en effet dans la capacité à attribuer, à *s'*attribuer un nom, à le refuser ou à le modifier que peut s'apprécier la capacité d'un peuple, comme de tout groupe humain, à exister de façon plus ou moins autonome au sein d'un espace social et politique donné. Cela pose, à son tour, la question de savoir quels sont les agents possédant la faculté de nommer une entité sociale quelconque et de la constituer comme telle. Le combat antiraciste est donc moins simple qu'il n'y paraît, ou plutôt il convient de ne pas se tromper de combat, et donc de considérer avec circonspection les organisations qui prétendent prendre la défense d'un peuple donné, « au nom » de ce peuple lui-même, c'est-à-dire dans la forme socio-historique « ethnique » revêtue par cette entité. Dans le débat et le combat actuels à propos et en faveur des Roms, il semble que l'on assiste à une sorte de montée aux extrêmes qui tend à rigidifier la catégorie elle-même de « Rom ». Il n'y a pas si longtemps cette catégorie était inconnue du grand public français et l'on pourrait donc voir dans l'utilisation croissante de ce nom propre, un progrès taxinomique participant pleinement au combat antiraciste. Mais, dans ce cas comme dans d'autres, l'expérience nous a appris que le fait de mettre des noms sur des choses, ces choses fussent-elles des groupes humains, est rarement bénéfique et la révélation de l'existence de fichiers ethniques divers ne peut malheureusement que nous renforcer dans cette conviction. C'est toute la thématique du multiculturalisme qui ressurgit ici, multiculturalisme à l'œuvre dans les instances européennes et qui fait bon ménage avec la stigmatisation et la xénophobie ambiantes, au point de faire l'objet d'un renforcement mutuel, comme on peut le constater actuellement aux Pays-Bas. Contrairement à l'objectif visé, la discrimination positive à l'égard de « minorités » régionales, ethniques ou linguistiques ne semble avoir pour effet que de solidifier, par une sorte d'effet boomerang, à la fois les identités nationales et européenne, que celles-ci soient conçues comme « blanches », chrétiennes ou les deux à la fois.

IV

Négritude, créolisation, créolité

Le phénomène d'ethnicisation de la société française est-il un phénomène objectif, visible et que l'on ne saurait ignorer sans porter gravement atteinte à la compréhension et à la gestion du social dans notre pays, ou est-il une mise en scène réglée du corps social destinée à occulter les conflits de classe ? Telle est la question apparue sur la scène publique depuis quelques années, particulièrement depuis les émeutes qu'ont connues les banlieues françaises en novembre 2005, mais dont la généalogie est en réalité beaucoup plus ancienne. Celle-ci remonte, notamment, à l'énonciation de notions fragmentées telles qu'elles ont pu être formulées par ceux qui ont porté atteinte, pour le meilleur et pour le pire, à l'unanimisme du récit national, à savoir les tenants de la « négritude ». Autrement dit, les difficultés dans lesquelles nous nous trouvons actuellement ne procèdent-elles pas de la remise en question de l'universel et du privilège accordé à des identités singulières ? Telle est l'interrogation qui sera au centre de mon propos et dont on peut renvoyer le questionnement aux écrits des trois auteurs phares de la « négritude » : Léon-Gontran Damas, Léopold Sédar Senghor et Aimé Césaire. Si ces trois écrivains et poètes ont apporté leur écot à ce concept central du mouvement littéraire et politique ultramarin du siècle précédent, je me focaliserai ici dans un premier temps sur Aimé Césaire dont le tiraillement ou le passage de conceptions universalistes symbolisées par le marxisme à des conceptions culturalistes représentées par la négritude apparaissent comme les plus emblématiques.

L'ethnologie de Césaire

1. *Cahier d'un retour au pays natal* (1929)

Pour un auteur antillais comme Césaire, désireux de définir sa singularité par rapport à l'atomisme de la citoyenneté française, tout en étant éloigné de l'Afrique, la reconnaissance et la visibilisation de sa « négritude » ne pouvaient passer que par la médiation de l'ethnologie africaniste de l'époque, fût-elle la plus engluée dans les stéréotypes racistes et coloniaux[1]. En effet, pour Césaire, le rêve de l'assimilation républicaine est impossible puisque la société antillaise porte de façon indélébile les stigmates de l'esclavage et de la situation coloniale. Son émancipation ne

1. Pour tout ce qui concerne les liens entre la pensée de Frobenius et de Césaire, je m'appuie sur l'ouvrage de Romuald Fonkoua, *Aimé Césaire*, Paris, Perrin, 2010.

peut donc advenir que de la mise en lumière de sa singularité, c'est-à-dire de son ascendance africaine et donc de l'établissement de liens culturels l'unissant à la mère patrie « noire ». C'est donc l'un des auteurs majeurs de l'ethnologie africaniste des années 1930, Leo Frobenius qui va lui fournir le certificat d'africanité nécessaire à la conceptualisation de la « négritude », de sorte que l'on peut se demander si le retournement du stigmate opéré par Césaire à partir du terme infamant de « nègre », qu'il se réapproprie comme un butin de guerre (Kateb Yacine), ne porte pas de ce fait la trace de tous les préjugés présents dans l'œuvre de l'ethnologue allemand.

On conçoit aisément que Césaire, de même que Senghor à la même époque, ait pu trouver dans l'œuvre de Frobenius, des idées lui permettant de définir le concept de « négritude ». Dans l'*Histoire de la civilisation africaine* paru en Allemagne en 1933 et traduit dès 1936 en français, Frobenius, sur la base de matériaux collectés dans le cadre de plusieurs expéditions scientifiques menées à travers le continent africain, met en œuvre un essentialisme culturaliste qui résonne avec la critique de l'universalisme républicain qui est au cœur des préoccupations de Césaire[1]. C'est en effet, dans une veine anti française et anti

1. L. Frobenius, *Histoire de la civilisation africaine*, Paris, Gallimard, 1936.

universaliste s'inspirant de Hamann, de Herder, d'une partie de l'œuvre de Kant et du géographe Ratzel que se déploie la pensée de Frobenius. Axée sur la reconnaissance inductive des spécificités des différentes cultures et âmes des peuples (*paideuma*), cette pensée va en effet directement à l'encontre des prétentions universalistes, abstraites et déductives de la philosophie des Lumières ou, du moins, de ce à quoi l'on a coutume de réduire celle-ci. Dans cette perspective, les différentes cultures négro-africaines sont subsumées à l'intérieur d'un « style continental », lui-même déjà présent dans l'ancienne Égypte et dont la permanence – qui rapproche la *paideuma* de la notion de race – permet de faire l'expérience des fondations créatrices de la civilisation occidentale telles qu'elles s'expriment, de la façon la plus marquante, dans les peintures rupestres de France et d'Espagne.

La pensée de Frobenius fournit donc aux chantres de la négritude, et au premier chef à Césaire, tous les ingrédients permettant à ces derniers de se livrer à une remise en cause radicale des Lumières françaises, en rejouant le vieux scénario de la *Kultur* allemande opprimée par la « Civilisation » française dominante. Et cela, tout en donnant à cette opposition une nouvelle coloration panafricaine et afrocentriste en phase avec la nouvelle période de décolonisation à l'intérieur de laquelle prend place la théorie de la négritude. C'est donc cette vision essentialisée, culturalisée et primitivisée des cultures africaines, de *la* culture africaine, qui offre à Césaire le moyen de retourner le stigmate infamant de nègre pour mieux vanter les charmes du concept chatoyant de « négritude ».

2. *Discours sur le colonialisme* (1950)

L'ethnologie de Césaire, ou plutôt sa *raison ethnologique*[1], dans le *Discours sur le colonialisme* s'inscrit dans une configuration différente de celle qu'on trouve dans le *Cahier d'un retour au pays natal.* Membre du Parti communiste français, Césaire s'emploie alors dans ce pamphlet superbement écrit à fustiger le colonialisme en identifiant, de façon identique à la posture déployée par Hannah Arendt à la même époque, nazisme et colonialisme. En retraçant, à l'issue de la Seconde Guerre mondiale, la généalogie du nazisme chez de grands auteurs français comme Ernest Renan ou Joseph de Maistre, chez des conquérants de l'Algérie comme Bugeaud ou Saint Arnaud, ou en montrant la persistance de l'esprit colonial et raciste chez des ministres des colonies comme Albert Sarraut ou des essayistes comme Roger Caillois, Césaire entend montrer qu'il existe une philosophie commune au nazisme et au colonialisme, et que celle-ci

1. Sur cette notion, voir *Logiques métisses*, *op. cit.*

n'est pas purement allemande. Cette posture est d'ailleurs en phase avec l'idéologie du PCF de l'époque qui a tendance à voir du fascisme partout, jusques et y compris dans la venue au pouvoir du général De Gaulle en 1958.

En contrepoint de cette vision qui pointe les horreurs du colonialisme, même si elle ne va pas jusqu'à utiliser à son propos la notion de génocide, Césaire nous livre une vision édénique des sociétés précoloniales du Tiers-Monde.

« *C'étaient des sociétés communautaires, jamais de tous pour quelques-uns.*

C'étaient des sociétés pas seulement anté-capitalistes, comme on l'a dit, mais aussi anticapitalistes.

C'étaient des sociétés démocratiques, toujours.

C'étaient des sociétés coopératives, des sociétés fraternelles[1]. »

Et plus loin à propos des sociétés africaines précoloniales :

« *Encore une fois, je fais systématiquement l'apologie de nos vieilles civilisations nègres : c'étaient des civilisations courtoises*[2]. »

C'est par l'occultation, ou plus probablement par l'ignorance de l'esclavage interne à l'Afrique et de la participation des Africains à la traite esclavagiste, que Césaire peut offrir

---

1. A. Césaire, *Discours sur le colonialisme*, Paris, Présence africaine, 4e éd. 1962, p. 24.
2. *Ibid.*, p. 34.

une image enchantée du monde africain précolonial, celui-là même qui a été soumis plus tard à la colonisation européenne. En continuant de s'appuyer sur Frobenius, tout en rejetant les ethnographes métaphysiciens « dogonneux [1] » ou le père Placide Tempels dont la philosophie bantoue de la force vitale ne lui paraît bonne qu'à maintenir les masses congolaises sous le joug colonial belge, Césaire veut montrer avant tout que les Africains sont « *civilisés jusqu'à la moelle des os* [et que] *l'idée du nègre barbare est une idée européenne* ».

Primitivisme et anticolonialisme, sinon postcolonialisme, on y reviendra, font donc bon ménage chez le Césaire du *Discours contre le colonialisme* puisque, en définitive, il s'agit de s'emparer de la vision idéalisée des sociétés africaines « traditionnelles » comme d'une arme de guerre contre les colonisateurs, en mettant en avant la « civilisation » des premiers face à la « barbarie » des seconds. Les Barbares ne sont pas ceux qu'on croit, nous dit ironiquement Césaire !

Cependant ce primitivisme qui, en 1950, est mis au service de la lutte anticoloniale va, comme on va le voir, acquérir une sorte d'autonomie en étant retourné contre le Parti communiste français.

---

1. *Ibid.* p. 36-45. Marcel Griaule est sans nul doute ici visé sans qu'il soit mentionné.

3. *La Lettre à Maurice Thorez* (1956)

Quelques mois après la publication du fameux rapport Khrouchtchev qui révèle les crimes de Staline, Aimé Césaire adresse une lettre de démission à Maurice Thorez, alors secrétaire général du Parti communiste français. « *Je crois en avoir assez dit pour faire comprendre que ce n'est ni le marxisme ni le communisme que je renie, que c'est l'usage que certains ont fait du marxisme et du communisme que je réprouve*[1]. » Tel est l'argument sinon central, du moins celui auquel Césaire veut donner le maximum de visibilité en s'en prenant au stalinisme, au colonialisme et au paternalisme, pudiquement rebaptisé en « *fraternalisme* », du Parti communisme français. Mais au-delà de ce qui apparaît comme un alignement sur des positions khrouchtchéviennes, mais aussi « *italiennes* » comme on disait alors, il semble qu'il y ait là bien davantage qu'un simple aggiornamento ou retour aux sources. En fait, c'est à d'autres sources que souhaite s'abreuver l'auteur du *Cahier d'un retour au pays natal* en revenant précisément au pays natal, au pays en lequel il voit en tout cas l'ancestralité des Antilles.

En effet, sous couvert de dénoncer l'inanité du schéma « classiste » traditionnel des partis communistes staliniens opposant la bourgeoisie

1. http://www.humanite.fr/La-lettre-de-Aime-Cesaire-a-Maurice-Thorez.

et le prolétariat, tout en sous-estimant l'importance des classes moyennes, Césaire a en ligne de mire la singularité profonde du monde noir des Antilles sur le plan géopolitique (« *notre situation dans le monde* »), mais également sociologique, historique et culturel. Il en résulte, pour lui, une spécificité du combat des peuples coloniaux et de couleur contre les métropoles, lequel ne se réduit pas à l'affrontement des ouvriers contre les bourgeois. De sorte que, pour forger l'unité anticoloniale des Noirs, il est nécessaire de se doter d'organisations spécifiques et donc d'opérer un mouvement de retrait par rapport aux organisations « blanches ». Ce mouvement de retrait doit se fonder sur le rejet du dogme communiste de la supériorité « omnilatérale » de l'Occident tel qu'il est notamment affirmé par Staline à travers l'opposition entre les « *peuples avancés* » et les « *peuples attardés* », ces derniers devant, bien entendu, être guidés par les premiers. Corrélativement, il convient de promouvoir le « relativisme culturel » dédaigneusement rejeté par le Parti communiste français et régénérer les Antilles au contact de l'Afrique noire, « *la mère de notre culture et civilisation antillaise* », et par là renoncer à un universalisme « *décharné* », dans lequel les Antillais risquent de se perdre.

La critique justifiée du stalinisme, du colonialisme et du paternalisme du PCF, se paye donc chez Césaire au prix d'un renoncement à l'universalisme et d'un retrait identitaire et particulariste qui annonce d'une certaine façon les positions postcoloniales. Mais, n'est-ce pas là, d'une certaine façon, jeter le bébé avec l'eau du bain ? Critiquer le dogmatisme du Parti communiste français au nom de la spécificité de la structure de classes de la société antillaise n'implique pas pour autant de renoncer à l'usage plus général de catégories comme celles que manipule le marxisme. Que l'on me comprenne bien, il ne s'agit pas pour moi de défendre bec et ongles le matérialisme historique et l'universalité de sa pertinence à la façon d'un fétiche sur lequel on viendrait régulièrement sacrifier. En revanche, l'abandon de l'universalisme et la défense corrélative de la singularité ou de la spécificité de la ou des cultures me semblent porteurs de certains dangers dès lors qu'ils s'accompagnent d'un oubli des conditions de production de chaque culture en relation avec ses homologues proches ou lointaines. De sorte que la récusation du marxisme, qui peut n'être qu'un paravent pour l'abandon de l'universalisme, pose la question, déjà abordée par Fanon quelques années plus tôt, de savoir si la question de la race est soluble ou pas dans celle de la classe[1].

1. Pour une excellente critique de la notion de « négritude » voir Alain Foix, *Noir. De Toussaint Louverture à Barack Obama*, Paris, Galaade, 2009.

Frantz Fanon

Si la question de savoir si le petit Frantz Fanon fut l'élève du professeur Aimé Césaire est sujette à controverse, il n'est pas douteux que Fanon a d'emblée situé sa démarche dans le sillage de celle de Césaire, ce dernier ayant d'ailleurs reconnu dans son cadet – celui qu'il nommait le « guerrier-silex » – son disciple. C'est bien entendu dans *Peau noire, masques blancs*, livre touffu s'il en est, qu'est affirmée l'irréductibilité de la négritude.

Selon Fanon, face à la honte de soi qui est le propre de la condition noire, la revendication de la négritude, celle-ci fût-elle entachée d'irrationalité, apparaît comme la seule issue possible. Et chez Fanon, comme antérieurement chez Césaire, c'est l'ethnologie coloniale qui fournit le référentiel nécessaire à la réhabilitation des cultures africaines.

« *Je fouillai vertigineusement l'antiquité noire. Ce que j'y découvris me laissa pantelant. Dans son livre sur* « L'abolition de l'esclavage »*, Schœlcher nous apportait des arguments péremptoires. Depuis lors Frobenius, Westermann, Delafosse, tous blancs firent chorus : Ségou, Djenné, villes de plus de cent mille habitants. On parla de docteurs noirs (docteurs en théologie qui allaient à La Mecque discuter du Coran). Tout cela exhumé, étalé, viscères au vent, me permit de retrouver une catégorie historique valable.*

Le Blanc s'était trompé, je n'étais pas un primitif, pas davantage un demi-homme, j'appartenais à une race qui, il y a de cela deux mille ans, travaillait déjà l'or et l'argent[1]. »

C'est donc sous une forme essentialisée qu'est réaffirmée la négritude comme moyen de survivre dans un monde qui nie l'appartenance des Antillais et des Africains à une commune humanité. C'est en effet au nom de l'impossibilité des Noirs de participer à l'universel qu'est affirmée l'existence du « *fragment noir* » selon la logique devenue classique du « retournement du stigmate ». Et ici, Fanon fait une nouvelle fois appel à Césaire « *Ma négritude n'est ni une tour…* ». « *Et l'on est venu l'helléniser, l'orphéiser… ce nègre qui recherche l'universel. Il recherche l'universel ! Mais en juin 1950, les hôtels parisiens refusaient de loger des pèlerins noirs. Pourquoi ? Tout simplement parce que les clients anglo-saxons (qui sont riches et négrophobes comme chacun sait) risquaient de déménager*[2]. »

Dès lors, le Sartre d'« Orphée noir », la célèbre préface de l'*Anthologie de la poésie nègre et malgache* de Senghor[3], n'apparaît que comme un

1. F. Fanon, *Peau noire, masques blancs*, Paris, Le Seuil, 1952, p. 105.
2. *Ibid.*, p. 150.
3. J.-P. Sartre, « Orphée noir » in Léopold Sédar Senghor, *Anthologie de la nouvelle poésie nègre et malgache de langue française*, Paris, PUF, 1997 (1948), p. IX-XLIV.

sinistre rabat-joie, un donneur de leçons qui vient apposer le « *baiser de la mort* » au motif d'espérance des intellectuels noirs [1]. Ne vient-il pas déclarer, cet ami des opprimés, que la négritude n'est qu'un moment d'affirmation temporaire au sein du processus dialectique qui doit conduire les Noirs à fondre leur identité dans l'avenir radieux de la société sans classes ? Or Fanon souhaite précisément, par-dessus tout, se perdre dans l'absolu de la négritude, ce romantisme malheureux dont Sartre, cet « *hégélien né* », a oublié qu'il était la condition pour parvenir à la conscience de soi [2].

Ce dialogue Sartre-Fanon, qui est au cœur du débat actuel entre universalisme et particularisme, tel qu'il a été renouvelé par les études postcoloniales, trouvera un prolongement dans l'autre œuvre majeure de Fanon *Les Damnés de la terre*, dont Sartre sera le préfacier. Loin de répondre à l'injonction sartrienne, Fanon confirmera dans ce livre sa rupture tant avec le marxisme qu'avec l'universalisme, au nom de l'irréductibilité de la question de la couleur et de la race.

C'est dans le cadre de la spécificité du monde colonial qu'est abordée la question de la race :

---

1. L'expression est de Souleymane Bachir Diagne, *Léopold Sédar Senghor. L'art africain comme philosophie*, Paris, Riveneuve, 2007.
2. F. Fanon, *Peau noire, masques blancs*, *op. cit.*, p. 108.

« *Quand on aperçoit dans son immédiateté le contexte colonial, il est patent que ce qui morcelle le monde c'est d'abord le fait d'appartenir à telle espèce, à telle race. Aux colonies, l'infrastructure économique est également une superstructure. La cause est conséquence : on est riche parce que blanc, on est blanc parce que riche. C'est pourquoi les analyses marxistes doivent être toujours légèrement distendues chaque fois qu'on aborde le problème colonial*[1]. »

En contexte colonial, pour Fanon, la race ou la couleur de la peau sont donc « *déterminantes en dernière instance* », elles priment l'appartenance de classe, rendant caduque l'universalité des catégories du matérialisme historique telle qu'elle a été affirmée par Marx dans l'*Introduction à la critique de l'économie politique*. Mais, peut-on se débarrasser aussi facilement, sinon du matérialisme historique, tout du moins de la détermination par le social ? Celui-ci est-il aussi aisément soluble dans la race ? Notre modeste connaissance du monde caribéen nous incite à avoir quelque doute sur la possibilité de rejeter sans autre forme de procès la pertinence d'une approche sociologique des sociétés antillaises[2].

---

1. F. Fanon, *Les Damnés de la terre*, Paris, La Découverte, 2002 (1961), p. 43.
2. Sur cette question, voir Jean-Luc Bonniol, « La malmesure des races. Critique de l'usage inconsidéré des catégories de couleur, in CARSED, *Le Retour de la race. Contre les « statistiques ethniques »*, *op. cit.*, p. 59-67.

Un bref séjour en Haïti au début des années 1980 nous a en effet permis de découvrir l'existence d'un proverbe inversant en quelque sorte la critique que Fanon adressait au marxisme. Selon ce proverbe rendant compte de la structuration de la société haïtienne : « *Nègre riche est mulâtre, mulâtre pauvre est nègre.* » De sorte que, par cet aphorisme, est clairement affirmé, nous semble-t-il, le primat du social sur le racial. D'autres exemples relatifs à l'Afrique viendraient sans doute également conforter ce point de vue tant il est vrai que ce n'est jamais la race qui structure l'espace social, mais que c'est, au contraire, ce dernier qui donne leur « couleur » aux différentes « peaux » revêtues par la pluralité des acteurs sociaux d'un lieu donné.

Édouard Glissant

Bien que formé à l'ethnologie, au Musée de l'Homme, après la Seconde Guerre mondiale et ayant adhéré dans un premier temps à la philosophie de la négritude, Glissant s'en est très vite démarqué pour concevoir le concept d'« *antillanité* ». Cette notion visait à disjoindre la ou les cultures antillaises d'origines africaines perçues en termes raciaux, et marquer ainsi la spécificité de l'univers caribéen. Dans un second temps, à partir des années 1990, Glissant abandonne, à son tour, cette idée d'« *antillanité* » pour forger celle de « *créolisation*[1] ». Cette dernière notion s'applique aussi bien au monde des cultures caribéennes qu'à la totalité de la planète, puisque pour Glissant, le monde antillais constitue un véritable laboratoire de la globalisation.

La créolisation est le moyen privilégié de contrer la philosophie, voire le despotisme de l'Un, du Même ou de l'Universel, tel qu'il a pu être « *imposé de manière féconde par l'Occident* », au reste du monde. Et, en cela, l'on voit combien Glissant est proche des thèses postcoloniales puisqu'il lui oppose le « *Divers* » conquis « *par les peuples qui ont arraché aujourd'hui leur droit à la présence au monde*[2] ». Par « *divers* », il faut entendre mise en relation, emmêlement fécond des ensembles culturels dans une sorte de « *chaos-monde* », qui rend imprévisibles les différents produits culturels résultant de ces mélanges et qui préserve leur singularité, c'est-à-dire le droit à l'opacité de leur spécificité. L'opacité, dans le droit-fil de Segalen, est ainsi au fondement de la « relation » qui se noue dans la rencontre de l'autre, du différent, du divers, qui sont reconnus comme tels[3]. Mais reconnaître, pour Glissant, n'est pas synonyme de comprendre, d'étreindre, qui supposerait de réduire à la transparence et

---

1. É. Glissant, *Traité du Tout-Monde*, Paris, Gallimard, 1997.
2. É. Glissant, *Le Discours antillais*, Paris, Gallimard, 1997.
3. V. Segalen, *Essai sur l'exotisme*, Paris, Le Livre de poche, coll. « Biblio Essais », 1999.

refondre dans l'Un. La mise en relation suppose au contraire de consentir à l'opacité, c'est-à-dire de reconnaître que le monde existe dans les saveurs de la complexité multiple. Là encore, dans ce refus du regard extérieur, objectivant, la pensée de Glissant s'affirme tout à fait en phase avec les conceptions postcoloniales telles qu'elles s'expriment de façon emblématique dans l'idée de « *provincialisation de l'Europe* », notamment.

En d'autres termes, Glissant, qui se veut anti-essentialiste en ce qu'il défend une identité « *rhizomique* » inspirée de Deleuze et de Guattari[1], et qui s'élève de ce fait contre la notion de « créolité » chère à Bernabé, Chamoiseau et Confiant[2], en laquelle il ne voit précisément qu'une essence, se retrouve paradoxalement piégé par le propre paradigme dans lequel il s'insère : celui du métissage.

En effet, pour fonctionner, le système de Glissant a besoin d'oppositions binaires. Par exemple, celle de la Méditerranée, véritable synecdoque de l'Occident, vue comme une mer fermée et havre de la tyrannie de l'Un par opposition à la Caraïbe, perçue comme une mer ouverte au multiple, autre façon d'opposer les « *cultures ataviques* » aux « *cultures créoles* », tout en

1. É. Glissant, *Poétique de la relation. Poétique III*, Paris, Gallimard, 1990.
2. J. Bernabé, P. Chamoiseau, R. Confiant, *Éloge de la créolité*, Paris, Gallimard, 1993.

se situant dans le prolongement de l'opposition deleuzo-guattarienne de la racine et du rhizome[1].

En définitive, la pensée de l'« *entremêlement des cultures* », du mélange fécond postcolonial opposé au sinistre creuset du monde colonial de la plantation, suppose au départ des entités discrètes – les cultures – marquant bien là l'aporie de la problématique du métissage.

Le multiculturalisme glissantien, sous les dehors généreux de respect du divers, du multiple, du singulier, signe donc un abandon de l'universel, puisqu'il implique de penser en termes de totalités culturelles et qu'il privilégie certains ensembles culturels au détriment d'autres formes de cultures. Cet abandon, ou cette défaite d'un universel, abusivement associé à l'Occident, rapproche de fait la pensée de Glissant d'autres modes d'essentialisme, qui l'ont précédée ou qui l'ont suivie, comme la négritude ou la créolité.

---

1. Pour une critique de la Méditerranée vue comme univers clos et despotique, voir Bernadette Cailler, *Carthage ou la flamme du brasier*, Amsterdam, New York, Rodopi, 2007. Sur le *continuum* « culturel » unissant les deux rives de la Méditerranée, voir également Jocelyne Dakhlia, *Lingua Franca. Histoire d'une langue métisse en Méditerranée*, Arles, Actes Sud, 2008.

Le paradoxe de la créolité

Glissant a utilisé le concept de « *créolisation* » pour se démarquer de celui de « *créolité* », en laquelle il ne voyait qu'une forme d'essentialisme, même s'il n'était pas lui-même entièrement exempt de ce reproche. Même si l'on peut noter l'existence d'une forte solidarité entre Antillais membres de générations différentes – Glissant co-signe souvent des livres et des articles avec Chamoiseau par exemple –, on ne peut que constater que l'*Éloge de la créolité* manifeste un pas de plus vers une définition essentialisée de l'identité antillaise ou caribéenne, cette identité fût-elle revendiquée sous l'angle de la multiplicité des origines de la population de ces îles (caraïbe, européenne, africaine, asiatique, levantine). Car, précisément, la funeste question de l'origine, des origines, est au principe de la dérive essentialiste des auteurs martiniquais, dans un parcours identitaire qui peut à la fois signifier le deuil de l'émancipation politique et apparaître, on y reviendra, comme un marché porteur destiné à des pays qui s'affirment comme concurrents de la puissance coloniale. Comme l'a montré Michel Giraud, il existe un paradoxe de l'identité antillaise dans la mesure où l'on ne peut que s'étonner de constater que la « *bâtardise* » originelle des Antillais, laquelle résulte du maelström des cultures induit par la traite négrière, l'esclavage et la plantation, n'ait pas entraîné avec elle l'abandon de la pernicieuse question de l'origine, des origines[1]. On aurait pu s'attendre, en effet, à ce que les acteurs sociaux de cette région du monde se soient réjouis d'être débarrassés à tout jamais de cette embarrassante question et se soient fait une gloire de le proclamer au reste de la planète. Mais, malheureusement, tel n'a pas été le chemin qu'ils ont emprunté.

Revendiquant une multiplicité d'origines, tout en prenant la défense d'une langue (le créole) qui, si elle est bâtarde, ne l'est certainement pas davantage que d'autres, ils ont lancé un produit nouveau – la créolité – situé à mi-chemin de l'« américanité » et de la « francité », une manière de circonscrire un interlecte ou un inter-espace susceptible d'être positionné de façon optimale sur le marché international des lettres et des idées.

Or, la créolité représente une torsion et une mise à l'écart postcoloniales de concepts qui ont fait leur temps, tel celui de francophonie, voire peut-être de littérature-monde en français[2]. En créolisant le français, en infiltrant,

1. M. Giraud, « La créolité, une rupture en trompe-l'œil », *Cahiers d'études africaines*, n° 148, 1997, p. 795-811.

2. Bernabé, Chamoiseau et Confiant n'ont pas signé le manifeste de la littérature-monde en français. « Pour une littérature-monde en français » : le Manifeste. Cf. http://www.congopage.com/article4577.html.

en subvertissant ou en abâtardissant la langue de Molière, les tenants de la créolité ne peuvent que satisfaire tous ceux qui ont à cœur de faire ravaler sa superbe à l'ancienne puissance coloniale, pour ce qui concerne l'Afrique, et à l'actuelle, pour ce qui est de la Martinique et de la Guadeloupe. Ce n'est sans doute pas un hasard si *Texaco*, le roman de Patrick Chamoiseau, a connu un grand succès aux États-Unis et si d'autres auteurs antillais comme Édouard Glissant ou Maryse Condé, entre autres, y ont fait carrière. Le créole antillais, de par sa simplicité apparente, est prisé par certains Nord-américains qui le comparent avantageusement à la « complication » du français hexagonal ou à la « sophistication » de la pensée française. Car il ne faudrait pas sous-estimer, à cet égard, la profonde ambiguïté des élites nord-américaines, fascinées d'un côté par la « *French Theory* », mais par ailleurs agacées par l'aspect « petit marquis poudré » de la culture française. Bref, la créolité ou la créolisation, dans la mesure où ces notions collent parfaitement avec celle d'« hybridité » promue par les « *cultural* » et les « *postcolonial studies* », sont sans doute d'abord et avant tout des produits destinés au marché nord-américain. En offrant l'hospitalité aux auteurs et aux œuvres originaires des Antilles, les États-Unis ne seraient-ils pas parvenus, d'une certaine façon, à retourner les élites des anciennes et actuelles colonies françaises contre la vieille puissance coloniale ? Force est de constater, en tout cas, que ce mouvement, qui s'étend aujourd'hui à la métropole hexagonale, s'est accompagné de l'essor, sur le territoire français, d'organisations particularistes comme le CRAN, lesquelles ont trouvé un soutien de la part de vieilles structures de lutte pour les droits civiques comme la National Association for the Advancement of Colored People (NAACP). Dans le même sens, on peut observer, avec intérêt, l'action que l'ambassade des États-Unis en France déploie en direction des leaders émergeant au sein des « minorités visibles » présentes dans les « banlieues[1] ». Ce soutien, apporté aux Blacks et aux Beurs des « quartiers difficiles », a certainement pour objectif de fragmenter le récit national français, perçu comme obéissant aveuglément au modèle universaliste républicain. Sans doute s'agit-il de propager un modèle concurrent – celui du multiculturalisme – axé sur la reconnaissance des singularités identitaires, alors que celui-ci fait preuve d'essoufflement dans les pays européens où il est pratiqué, en se montrant incapable de contrer l'essor de la droite populiste.

Bref, ces formes d'essentialisation, qui ont pris naissance dans les anciennes et actuelles colonies françaises – la négritude, la créolisation

---

1. L. Bronner, « Washington à la conquête du "9-3" », *Le Monde*, 6-7 juin 2010.

et la créolité – ont-elles véritablement le potentiel libérateur qu'on leur prête ou n'ont-elles pas pour effet d'enfermer les acteurs sociaux de France ou des Antilles dans des prisons identitaires dont ils auront le plus grand mal à s'échapper[1] ? Le récent débat sur les statistiques ethniques, dont le principe était défendu par des organisations comme le CRAN, et à la tête de laquelle se trouvent des Antillais, a montré que le critère de la « race » était loin de faire l'unanimité parmi ceux que l'on nomme, de façon cocasse, les « *issus de la diversité* » et que se posait par conséquent, à leur propos, la question de la légitimité de leurs porte-parole[2]. Pour paraphraser Gayatri Spivak[3], on peut se demander en effet : « *Qui parle au nom des subalternes ?* ». Ne s'agit-il pas d'« *entrepreneurs d'ethnicité* » qui ont tout intérêt à élargir l'assiette de leur public en passant, par exemple, du pourcentage – convenable – d'« Antillais » présents dans les médias hexagonaux, à celui notoirement insuffisant des « Noirs » représentés dans les moyens de communication de masse ? De sorte que ces notions de négritude, de créolisation, de créolité, voire celle de « condition noire », deviendraient des enjeux, des stratégies identitaires

1. Sur cette question, voir les analyses pertinentes d'Alain Foix, *Noir. De Toussaint Louverture à Barack Obama, op. cit.*
2. CARSED, *Le Retour de la race. Contre les « statistiques ethniques », op. cit.*
3. G. Spivak, *Les subalternes peuvent-elles parler ?, op. cit.*

aptes à propulser sur le devant de la scène de larges effectifs de population servant de masse de manœuvre à ces élites communautaires. C'est également dans cette perspective qu'il conviendrait, sans doute, d'examiner les re-positionnements de certains écrivains et essayistes par rapport à l'africanité ou à la négritude[1].

De la République au fragment : retour sur un itinéraire

Pour y voir clair et mesurer l'ampleur des abandons et des nouveautés qui se sont fait jour au sein de la scène politique française, il convient de partir de l'émancipation des Juifs et de l'abolition de l'esclavage au cours de la période révolutionnaire. Au sein de ce tableau, l'abbé Grégoire occupe une place centrale en tant qu'ami, à la fois des Juifs et des Noirs, et l'un des pères fondateurs de la laïcité à la française[2]. On oublie en effet trop souvent que la Révolution française a émancipé les Juifs et aboli l'esclavage, même si celui-ci a été rétabli quelques années plus tard par Bonaparte.

Si l'émancipation des Juifs et l'abolition de l'esclavage étaient donc conçues toutes deux dans une perspective universaliste, les Juifs

1. Cf. Jean-Loup Amselle, *Rétrovolutions, op. cit.*
2. Abbé Grégoire, *Essai sur la régénération physique, morale et politique des juifs,* Paris, Fayard, 1988 (1788).

et les Noirs devant être considérés comme des citoyens à part entière, il n'en reste pas moins que les premiers, pour entrer dans la République, devaient abandonner toute singularité de groupe. Comme le déclare le duc de Clermont-Tonnerre, en effet : « *Il faut tout refuser aux Juifs comme nation et tout accorder aux Juifs comme individus* », ce qui signifie que les différents collectifs, les « nations » de l'Ancien Régime mais également les esclaves noirs des Antilles devaient abandonner tout particularisme, toute « différence » culturelle ou religieuse s'ils voulaient être absorbés dans le corps national. Pour les Juifs, cela signifiait notamment qu'ils devaient se fondre dans la société française en épousant des conjoints catholiques et que leur religion ne devait s'exercer que dans un cadre privé ou dans les synagogues. Tel est le cadre de l'assimilation offert aux groupes qu'il s'agissait d'émanciper dans un cadre républicain.

Il va de soi que ce modèle portait en lui le germe des difficultés à venir, dans la mesure où le destin politique d'une vieille nation colonisatrice comme la France allait faire surgir sur le devant de la scène des revendications qui trouvèrent malaisément à s'exprimer dans un cadre strictement républicain. Ce fut notamment le cas du processus de décolonisation du Maghreb et de l'Afrique dite « noire », processus accompagné de revendications mémorielles contradictoires émanant à la fois des anciens colons et des anciens colonisés. C'est aussi le cas de ce qui retient notre attention ici, à savoir l'émergence d'un nationalisme culturel qui se construit sur la base d'une décolonisation inachevée et de sa transmutation ultérieure en « *départementalisation*[1] ».

En effet, comme on l'a fait remarquer, ce n'est sans doute pas un hasard si les Antilles ont été et sont toujours le théâtre d'une vie littéraire et intellectuelle extrêmement riche, celle-ci ayant sans doute servi de substitut ou de soupape de sûreté à une émancipation politique n'ayant pu être menée à son terme. Mais le revers de la médaille est que la revendication d'une singularité identitaire, par les tenants de la créolité notamment, n'a pas été exempte de certaines dérives comme celle qui s'est exprimée à l'égard des « *mulâtres* » ou des « *Juifs*[2] ». Tel est sans doute le prix que la société française a dû payer pour faire son entrée dans un régime, ou plutôt dans une « guerre » des mémoires, s'instaurant à mesure que différents groupes se constituaient et fragmentaient le récit national. À cet égard, on ne peut qu'insister

1. U. Zander, *Conscience nationale et identité en Martinique*, thèse de doctorat, EHESS, 2010.
2. Voir le soutien apporté par Raphaël Confiant à Dieudonné et la réponse alambiquée de ce dernier à la suite de sa mise en cause par Jacky Dahomay dans *Le Monde* (2 décembre 2006). R. Confiant, « Les Noirs, du malaise à la colère », *Le Monde*, 9 décembre 2006.

sur le rôle de ces « entrepreneurs de mémoire », ou d'« ethnicité », qui se donnent pour mission de « rafraîchir » la mémoire des collectifs qu'ils entendent précisément faire exister en tant que groupes porteurs de certaines revendications, et donc demandeurs de certaines réparations. Et l'on voit ainsi apparaître à propos des Antilles, comme à propos d'autres collectifs, la notion de diaspora conçue comme « communauté de souffrance ». Cette notion, abondamment utilisée dans un contexte tant africain que « black atlantique », a l'inconvénient, de notre point de vue, d'induire une racialisation des rapports sociaux en prenant comme modèle celui de la « diaspora juive », modèle s'appuyant lui-même sur la fiction de l'existence d'un « peuple juif » éternel[1].

Épilogue

Par le référendum du 10 janvier 2010, les électeurs de Martinique et de Guyane rejettent à une très large majorité (80 %) le projet en faveur d'une évolution institutionnelle conduisant à davantage d'autonomie. Le lendemain de ce rejet, Raphaël Confiant, l'un des auteurs de l'*Éloge de la créolité*, publie un pamphlet très violent fustigeant les électeurs martiniquais et les accusant, entre autres choses, de n'être « *qu'une sous-merde, un ramassis d'aliénés, d'alimentaires et de lâches.*

1. S. Sand, *Comment le peuple juif fut inventé*, *op. cit.*

Une tache sur la carte du monde, une salissure, un étron[1] ». Que déduire de ce jugement outrancier? Même si Raphaël Confiant est de plus en plus isolé au sein du monde antillais et s'il ne faut pas assimiler sa position à celle de l'ensemble des intellectuels martiniquais, cette sortie me paraît confirmer avec éclat l'idée d'un divorce constant entre le peuple des Antilles et ses élites. Alors que ces dernières ne cessent de défendre l'idée d'une singularité culturelle irréductible, ancrée et façonnée dans l'histoire de l'esclavage, de la plantation et de la colonisation, le peuple martiniquais, et plus largement antillais, sans oublier ses origines serviles, est moins que jamais prêt à se laisser entraîner, au grand dam de ses élites, dans l'aventure de l'autonomie et, *a fortiori,* dans celle de l'indépendance[2]. Doit-on pour autant, à l'instar de Confiant, les considérer comme des couards, des fidèles serviteurs du colonisateur français? Il semble au contraire que, comme l'a montré le mouvement contre la *pwofitasyon,* le peuple antillais, sans oublier l'enfer de l'esclavage, situe son combat essentiellement sur le terrain économique et social, au risque de

1. R. Confiant, « "PÉYI-A SÉ TA NOU, SÉ PA TA YO!" ("CE PAYS EST À NOUS, PAS À EUX!"), CLAMAIENT-ILS EN FÉVRIER 2009… », http://www.montraykreyol.org/spip.php?article3440.
2. M. Giraud: « "Question noire" et mémoire de l'esclavage », *Cahiers d'études africaines,* (« 50 ans »), n° 198-200, 2010, p. 677-706.

décevoir ceux qui veulent donner une composante essentiellement culturelle, voire raciale à cette lutte[1]. En somme, dans le refus de l'autonomie, tel qu'il était proposé par le référendum, c'est peut-être tout simplement leur attachement à la République qu'ont voulu manifester les électeurs martiniquais.

1. Voir à ce sujet le « Manifeste pour les "produits" de haute nécessité » (16 février 2009) d'Édouard Glissant et Patrick Chamoiseau qui entendent donner un supplément d'âme « poétique », « écologique » et « décroissant » au mouvement de la *pwofitasyon*.

V

Le multiculturalisme alimentaire

Chaque culture dans le moment même où elle se forme comme culture, constitue en même temps une extranéité qui la circonscrit comme telle. Fonder une culture, c'est en même temps fonder un espace qui n'est pas elle et, de ce fait, la délimitation positive ou négative de cette culture passe par la définition de limites, de frontières et d'interdits, d'interdits alimentaires notamment.

Pour les Juifs, il s'agit de tous ceux (gentils, *goyim*) qui ne mangent pas casher, ce qui inclut tous les animaux et les végétaux hybrides, c'est-à-dire ceux qui appartiennent à des catégories contradictoires comme le porc (ongulé non ruminant), les crustacés comme animaux marins ne possédant ni écailles ni nageoires, les étoffes dénommées « métisses » faites de lin et de coton etc. Je renvoie sur ce point aux belles analyses de Mary Douglas dans son livre *De la souillure*[1].

De même en Afrique de l'Ouest, la frontière entre les groupes s'établit, comme dans d'autres

1. M. Douglas, *De la souillure : Essais sur les notions de pollution et de tabou*, Paris, La Découverte, 2005.

régions du monde, sur la base de différences ou d'interdits alimentaires. Par exemple, on se moque des Malinké en les traitant de « *mangeurs d'arachide* » ou des Minyanka parce qu'ils mangent du chien. Dans ce dernier cas, c'est leur non-appartenance à l'islam qui est pointée. Enfin dans le nord de l'Italie, au XVIe siècle, on se moquait des Siciliens en les traitant de « *mangeurs de macaronis*[1] » de même qu'en France, dans l'entre-deux-guerres et même après la seconde guerre mondiale, les migrants italiens étaient traités de façon raciste, de « macas ».

L'existence d'interdits et de régimes alimentaires différents n'est pas sans présenter de multiples difficultés dans le cadre des sociétés européennes modernes qui ne sont ni plus ni moins multiculturelles qu'autrefois. Dans les *Évangiles*, « Actes des Apôtres », 15, la question de l'interculturalité alimentaire n'est pas posée en tant que telle; il est simplement affirmé que les païens convertis, s'ils ne sont pas obligés de se faire circoncire, doivent néanmoins s'abstenir de consommer des animaux étouffés. La nouveauté de nos sociétés réside donc dans le fait qu'aujourd'hui, et contrairement au passé, où l'on parquait par exemple les Juifs dans

1. P. Scholliers, « Meals, Food Narratives and Sentiments of Belonging in Past and Present » in P. Scholliers (ed.), *Food, Drink and Identity. Cooking, Eating and Drinking in Europe since the Middle Ages*, Oxford-New York, Berg, 2001, p. 4.

des « ghettos », on fait coexister dans le même espace public, et en particulier dans le même espace scolaire, des membres de différentes religions. En France, se pose ainsi la question des élèves musulmans et juifs, ou supposés tels, qui fréquentent l'enseignement public. Des repas « hallal » et « casher », sont prévus à cet effet dans les cantines scolaires, provoquant la colère des républicains défenseurs de la laïcité, en particulier de Riposte laïque et du Front national, mais posant aussi des problèmes pratiques comme, par exemple, la difficulté d'évaluer le nombre d'élèves ne consommant pas de porc. Le nombre de ces derniers peut être, soit sous-évalué, soit surévalué, parce que, sur la base du prénom ou du nom (arabe ou musulman), on leur impute une appartenance musulmane et qu'on les range arbitrairement dans la catégorie de ceux qui mangent « hallal ». Des parents protestent ainsi auprès des autorités scolaires parce qu'on a refusé du porc à leurs enfants sous prétexte qu'ils portent un nom à consonance arabe ou musulmane. Par ailleurs, se pose la question de la présence à la même tablée d'enfants mangeant des plats appartenant à des régimes alimentaires différents : hallal et avec porc notamment, ce qui débouche sur un évitement spatial d'individus dont la nourriture est suspectée d'être contaminée par celle des voisins. On voit donc que, dans les sociétés modernes, la convivialité est grandement handicapée par la coexistence dans l'espace public d'individus ayant des interdits et des pratiques alimentaires différents.

Pourrons-nous manger ensemble ?

Si nos sociétés tendent de plus en plus vers le multiculturalisme, le respect de la différence et la reconnaissance des singularités culturelles, notamment dans le domaine alimentaire, il reste que la coexistence au sein de l'espace public de régimes et d'interdits alimentaires différents soulève certaines questions.

Les politiques multiculturalistes menées dans le domaine alimentaire se heurtent en effet à un certain nombre de problèmes contradictoires qui vont de la nécessité d'assurer le respect des interdits au refus de cette pratique, à la fois par les républicains laïcs d'extrême droite et par ceux dont les enfants sont abusivement rangés dans des catégories censées relever de certains régimes alimentaires. Si certains acteurs peuvent se dresser contre le non-respect de leurs interdits alimentaires et estimer qu'ils sont victimes de discriminations, d'autres au contraire peuvent considérer qu'ils sont discriminés parce qu'ils n'ont pas le choix entre plusieurs régimes alimentaires. Ce dernier cas s'est récemment présenté, à propos des *fast-food* hallal qui se sont heurtés à une vive opposition du maire socialiste de Roubaix, en raison de la discrimination que subiraient les clients désireux de consommer des hamburgers comportant du bacon. Une plainte a été déposée devant la Haute autorité de lutte contre les discriminations (Halde) mais elle a finalement été retirée à la suite de l'assurance donnée par la chaîne de *fast food* que des repas non hallal seraient également servis dans les restaurants hallal.

Cette question du respect de la différence alimentaire débouche plus largement sur la situation de porte-à-faux dans laquelle se trouve la République française face au multiculturalisme. Alors qu'elle proclame son universalisme républicain, la France connaît une limitation notable de ce principe en raison de l'appartenance au catholicisme de la majorité de sa population, et de la coloration profondément chrétienne de ses institutions (« *fille aînée de l'Église* »). Les jours chômés sont catholiques (dimanches, Noël, Pâques, Ascension, Pentecôte, etc.) et le gouvernement finance l'enseignement privé catholique et juif, mais pas l'enseignement privé musulman.

Le régime alimentaire de l'espace public, s'il ne suit pas aveuglément les interdits et les prescriptions chrétiens (certaines cantines scolaires ne servent pas de poisson le vendredi) se contente souvent de respecter négativement certains régimes alimentaires en s'abstenant par exemple de proposer du porc dans les cantines, mais sans servir pour autant de repas hallal ou casher. Comment faire tenir tout cela ensemble ? Comment faire en sorte que, même si les interdits et les prescriptions alimentaires sont respectés au sein d'une même cantine scolaire, des enfants appartenant à des confessions différentes acceptent de manger à la même table, sans se sentir pollués ou contaminés par l'assiette de leur voisin qui contient du porc ou même une nourriture qui n'est pas consacrée selon le rite hallal ou casher ? Cette situation n'est d'ailleurs pas uniquement liée à l'immigration, elle est également largement liée au revivalisme religieux, et elle a pour effet de restreindre le phénomène d'assimilation à la culture catholique dominante.

De façon plus générale, n'assiste-t-on pas à une individualisation croissante de la prise de nourriture, le repas pris en commun (dans la famille notamment) devenant un modèle de plus en plus problématique à mesure que s'affirment les singularités alimentaires et que la famille, et l'ordre alimentaire qui lui est lié, se délitent ?

Un espace public alimentaire multiculturel

S'il est un espace public susceptible de fournir un modèle pour l'avenir, c'est peut-être celui des cabines d'avion. Il est plus particulièrement question ici d'Air France, mais cela s'applique aussi à d'autres compagnies aériennes. Air France avertit depuis des années sa clientèle que la nourriture qu'elle sert à ses passagers ne contient pas de porc. En outre, elle propose, sur réservation, des repas casher, hallal et végétariens. KLM, qui appartient au même groupe, sert pour sa part, sur réservation, trois types de repas spéciaux : des repas médicaux (pour les personnes atteintes de diabète, par exemple), des repas végétariens et des repas religieux. Le repas musulman ne contient pas de porc ou de produits dérivés du porc ni de nourriture préparée avec de l'alcool. Toutes les viandes proviennent d'animaux abattus rituellement. Le repas casher est une nourriture choisie, préparée et servie selon les règles et coutumes diététiques juives. Le repas hindou ne contient pas de bœuf ou de dérivés du bœuf, ni de veau ou de porc. Enfin, Alitalia offre des repas spéciaux tels que repas ethniques, religieux ou tenant compte d'indications médicales spécifiques et qui peuvent être servis aux passagers sur demande. En outre, les personnes souffrant d'allergies ou d'intolérance à certains aliments peuvent demander un repas sans arachide.

Cet espace alimentaire public a donc un caractère interculturel. Les passagers appartenant à des religions et pratiquant des régimes alimentaires différents coexistent au sein d'un même espace. Il ne s'agit pas d'un espace de convivialité au sens large, puisque les passagers ne mangent ni à la même table ni dans le même plat, mais plutôt d'un espace de convivialité au sens restreint où tous les passagers mangent, en gros, en même temps. On pourrait parler à propos de cet espace, en reprenant la terminologie de Sartre dans *Critique de la raison dialectique* d'un espace de convivialité sériel ou sérialisé (du type de celui que constituent les passagers d'un wagon de métro [1]). Cet espace alimentaire aérien pourrait d'ailleurs sans doute s'attirer les mêmes critiques que les cantines scolaires multiculturelles. Par exemple, certains passagers pourraient exiger de se voir servir du porc. Des passagers hindous végétariens pourraient, par ailleurs, s'estimer pollués parce qu'un passager assis sur un siège voisin mange un repas comportant de la viande. Des phénomènes d'intolérance de ce type pourraient se produire et se sont, peut-être, déjà produits même si le caractère individuel de la prise de nourriture dans ce type d'espace doit grandement freiner la survenance de plaintes. Il en va de même, dans le métro parisien, où de plus en plus de passagers prennent leur repas (sandwich, salade, *fast food*) à l'heure du déjeuner. La consommation de nourriture dans les wagons peut occasionner une certaine gêne (bruit, odeur) mais, là encore, le caractère individuel de la prise de nourriture limite sans doute les protestations.

1. J.-P. Sartre, *Critique de la raison dialectique*, Paris, Gallimard, 1960.

En un sens donc, la convivialité, le fait de manger à la même table, limite les possibilités d'interculturalité alimentaire. En revanche, dès lors que chacun est dans sa bulle, en train de se nourrir pendant qu'il écoute de la musique sur son baladeur, aucun trouble ne se produit. Et peut-être est-ce cela la société de l'avenir ? Le multiculturalisme, loin d'engendrer le communautarisme, comme ses adversaires le redoutent, ouvrirait au contraire la voie à l'individualisme.

On assiste ainsi, en France, dans le cadre de l'essor du multiculturalisme, à la mise en exergue et à la dramatisation des singularités culturelles, notamment dans le domaine alimentaire où celles-ci sont censées déboucher sur la constitution de « communautés » repliées sur elles-mêmes et incapables de communiquer les unes avec les autres. Mais contrairement à toute attente, cette revendication multiculturaliste, loin de déboucher sur des fondamentalismes alimentaires de groupe, se loge en fait dans le modèle de plus en plus prégnant de l'individualisation des styles de vie. Le cas de l'alimentation, comme celui d'autres domaines, montre donc bien que le multiculturalisme est parfaitement congruent avec l'idéologie néo-libérale qui influence de façon croissante les sociétés contemporaines.

Conclusion

On peut se demander si ce qui vient d'être dit à propos de la France dans les chapitres précédents est transposable à l'échelle de la planète tout entière et si le processus d'ethnicisation, c'est-à-dire la production d'entailles verticales au sein du corps social hexagonal, est observable dans d'autres pays où il se substituerait aux vieux clivages horizontaux de classes. Sans vouloir tout mettre dans le même sac, il semble que, dans le cadre de la globalisation actuelle et de ce qui l'accompagne – ultralibéralisme, multiculturalisme, indigénisme, marketing ethnique, etc. –, l'on aille bien dans cette direction. L'ethnicisation du monde a en effet le vent en poupe parce qu'elle représente une formidable force de mobilisation comparée à celle reposant sur la classe. Si, au XIXe siècle, et au cours de la première moitié du XXe siècle, l'internationalisme prolétarien a pu se targuer de quelques belles réussites, la plus significative d'entre elles, même si elle s'est soldée par un échec, étant celle de la guerre d'Espagne, il reste que le « socialisme réel » a bien souvent masqué, là où il a été édifié, des formes notoires de nationalisme. Le plus éclatant d'entre eux est celui de l'Union Soviétique où le stalinisme n'a pu se maintenir que grâce à la mobilisation du peuple russe contre l'envahisseur germanique. Par une sorte de ruse de la raison, dont l'Histoire a le secret, bien des socialismes n'ont en fait débouché que sur la formation d'entités nationales modernes à l'instar du Mali de Modibo Keita (1960-1968) qui, de fait, n'a représenté qu'une nouvelle mouture moderne et indépendante du Soudan colonial. La nation, de ce point de vue, ou l'ethnie, cette nation au rabais, apparaît comme beaucoup plus mobilisatrice que la classe parce qu'elle peut regrouper des effectifs humains sur la base de la fiction d'une origine commune. En effet, l'ancestralité, la logique de la descendance, du sang et de la race – celles-ci fussent-elles purement imaginaires – permettent d'envoyer à la boucherie des bataillons entiers, alors que la classe, dans ce rôle, apparaît comme beaucoup moins efficace. Il y a une efficacité symbolique de la nation, de l'ethnie ou de la nation ethnicisée, de l'ethno-nationalisme, efficacité dont on peut observer les effets tant en Europe avec la montée des populismes qu'en Afrique. La planète tout entière semble faire l'objet d'un processus de fragmentation dont l'indigénisme et l'indianisme, qui se développent à grands pas en Amérique latine, constituent les exemples paradigmatiques.

Ce n'est sans doute pas un hasard si des révolutionnaires des années 1980-1990, comme Alvaro Garcia Linera en Bolivie, sont devenus au début des années 2000 les chantres de la mobilisation des « *peuples autochtones* ». Le peuple, le sang, la race, tels semblent être les ingrédients nécessaires, en ce début du XXIe siècle, pour préparer le plat multiculturel qui accompagne parfaitement la globalisation, et cela à la fois comme adjuvant et comme protection.

En effet, le phénomène de l'ethno-nationalisme est éminemment contradictoire. D'une part, c'est un instrument majeur de la segmentation des marchés et du marketing ethnique, permettant donc au capitalisme de pénétrer plus finement les interstices du social, en particulier dans les pays riches, mais d'autre part il peut aussi servir et être perçu comme un rempart protecteur contre les effets délétères de ce même capitalisme. Il s'agit dans ce cas du « repli frileux » sur les « petites patries » dont on peut observer la traduction aussi bien dans les films régionalistes comme *Bienvenue chez les Ch'tis* que dans certains travaux anthropologiques sur l'Occitanie. Impulsé le plus souvent par des étrangers à la région, à la culture ou à l'ethnie considérée (Occitanie), ou par des représentants des classes dominantes « blanches » (Colombie, Équateur, Bolivie), l'ethno-nationalisme ou l'indigénisme se traduit, au Nord comme au Sud, par la standardisation des langues et des cultures et par une essentialisation et un primitivisme qui ne sont pas sans évoquer le culte de la terre et des morts chez Maurice Barrès. La révolution verticale des terroirs et des langues minoritaires telle qu'elle nous est vendue aussi bien par la télévision sarkozyste (« Midi en France », France 3), que par ATTAC (la « *Pachamama*[1] ») ou les instances européennes aboutit à la formation de nouvelles formes étatiques au sein desquelles la fragmentation, comme dans le cas de la France ou du Québec, engendre, par un effet de boomerang déjà relevé, le renforcement de l'identité nationale blanche et catholique.

La circulation planétaire des énoncés indigénistes, telle qu'elle se réfracte chez les militants occitanistes ou chez José Bové, conduit ces derniers à se réclamer d'exemples congolais, équatoriens ou boliviens, pour mieux légitimer leur combat en faveur des langues minoritaires ou leur refus de voir l'exploitation pétrolière

1. La Pachamama, qui signifie la « Terre-Mère » dans la langue et la culture quechua des Andes, est devenue un mot d'ordre écologique mobilisateur dans les luttes conduites par les Indiens du Pérou, d'Équateur et de Bolivie contre les sociétés minières. L'exploitation capitaliste de ces multinationales est ainsi assimilée par des organisations altermondialistes comme ATTAC ou des philosophes comme Isabelle Stengers à une agression contre la Terre-Mère. Cf. L. Noualhat, « Attac : Pachamama mia ! », *Libération*, 23 août 2010.

s'emparer de certaines régions. L'Occitanie devient ainsi un nouveau Congo tandis que les indigènes du Larzac sont assimilés aux Indiens d'Équateur[1]. Au mot d'ordre « *Prolétaires de tous les pays, unissez vous* » se substitue celui de « *Indigènes de tous les pays, insurgez-vous* ». L'Indien d'Amazonie devient ainsi un symbole beaucoup plus fort de résistance au capitalisme que son ancêtre ouvrier. Gardien de la nature, il est promu chantre de la « décroissance » et du développement durable, seules solutions alternatives au développement de l'économie marchande. Car ce n'est plus l'amélioration du sort des classes ouvrières surexploitées des pays du sud (Chine, Inde, Vietnam, Indonésie, Bangladesh, etc.) qui importe, c'est le refus des populations « natives » de voir leur environnement dévasté par les multinationales. De la sorte peut s'établir une alliance transnationale entre les couches ethno-éco-bobo des pays développés d'Amérique, d'Europe et d'Asie et les peuples autochtones des pays émergents. Le maintien de la bio- et de la culturo-diversité ainsi que le combat contre le changement climatique deviennent des causes qui sont d'autant plus en phase avec les classes moyennes urbaines

---

1. C. Milhé, *Comment je suis devenue anthropologue et occitane*, Lormont, Le Bord de l'eau, 2011. Voir également, « Larzac : ça sent le gaz », *Le Monde magazine*, 22 janvier 2011.

des pays riches qu'elles ne les menacent pas dans leur mode de vie. Plus de révolution sociale ringarde, plus de luttes syndicales, de défense du service public, des avantages acquis. Plus rien n'est acquis, précisément puisqu'il s'agit de justifier l'utilité sociale, écologique, environnementale, des fonctions et des postes occupés. Là encore, on voit comment des objectifs de « décroissance » peuvent entrer en phase avec des politiques ultra-libérales.

L'ethnicisation, l'indigénisation, voire l'indianisation du monde sont en marche et, en ce sens, l'ethnicisation de la société française n'est qu'un élément dans le dispositif global d'ethnicisation de la planète.

TABLE

Achevé d'imprimer en juillet 2011
sur les presses de la Nouvelle Imprimerie Laballery,
Clamecy, France
Numéro d'impression : 107185

Dépôt légal août 2011

ISBN 978-2-35526-080-3
EAN 9782355260803

Nouvelles Éditions Lignes
www.editions-lignes.com